Das Geheimnis des Tees

Hu Hsiang-fan · Carla Steenberg

Das Geheimnis des Tees

THESEUS VERLAG

Theseus im Internet: www.Theseus-Verlag.de
Wir senden Ihnen gern unseren Gesamtprospekt zu.

Die Deutsche Bibliothek – CIP-Einheitsaufnahme
Ein Titeldatensatz für diese Publikation ist bei
Der Deutschen Bibliothek erhältlich.

ISBN 3-89620-193-X

Originalausgabe

Lektorat: Michael Stürzer

Die Theseus Verlag GmbH ist ein Unternehmen der Verlagsgruppe Dornier.

1. Auflage, September 2002

Umschlaggestaltung: Morian & Bayer-Eynck, Coesfeld
unter Verwendung eines Bildes: © Hildegard Morian
Bildnachweis siehe S. 144
Gestaltung und Satz: Ingeburg Zoschke
Druck: Wiener Verlag, Himberg
Printed in Austria

ISBN 3-89620-193-X

Gedruckt auf alterungsbeständigem Papier mit chlorfrei gebleichtem Zellstoff.

Inhaltsverzeichnis

Geschichten und Legenden vom Tee

Die alte Teewelt und unsere Zeit

一字至七字诗 茶

元稹

茶
香叶，嫩芽。
慕诗客，爱僧家。
碾雕白玉，罗织红纱。
铫煎黄蕊色，碗转曲尘花。
夜后邀陪明月，晨前命对朝霞。
洗尽古今人不倦，将至醉后岂堪夸。

Einst sprach der Tee

Tee
Duftende Blätter, zarte Spitzen
begehren auserlesene Gäste, lieben verstehende Mönche.
Zermahlen in jadegeschnitztem Mörser, durch rote Seide gesiebt.
Bereitet zur Farbe gelber Blüten,
verwandelt geschwind zu blumigem Pulver.
Einen Gast, den Mond zu empfangen, der Morgenröte
zu begegnen, wünsch ich.
Die Geschichte lehrt, wie ich Menschen beglücke,
die trunken vom Wein.

Yuan Zhen (779–831)

Geschichten und Legenden vom Tee

Die Suche nach dem Elixier langen Lebens und der Beginn der Teekultur

Es begann mit einer kleinen Geschichte – und dann gab es immer wieder neue kleine Geschichten – und bis in unsere Tage hinein gibt es neue Geschichten und auch Gedichte über den Tee.

Wie Shen Nong Shi die Teepflanze entdeckte

Shen Nong Shi, der »Vater der chinesischen Medizin«, wanderte vor ungefähr viertausendfünfhundert Jahren landauf, landab und suchte heilende Kräuter für die Kranken. Jedes Kraut, jeden Halm und jede Blüte kostete dieser »Urmediziner«, dem in jenen fernen Tagen keinerlei Hilfsmittel zur Verfügung standen als seine Augen, seine Nase und seine Zunge, um giftige von bekömmlichen und heilenden Pflanzen zu unterscheiden.

So sammelte er im Laufe vieler Jahre zahllose Erfahrungen: Hatte eine Pflanze einen angenehmen Duft, konnte man davon ausgehen, dass sie nicht giftig war; roch und schmeckte sie nach Seetang, war äußerste Vorsicht geboten. Fand er ein süßes, bitteres oder sauer schmeckendes Kräutlein, war es genießbar; war es scharf und brennend auf der Zunge und zudem übel riechend, so war sofortiges Ausspucken angezeigt. Mühsam, aber reich war die Ernte des berühmten Sammlers. Im ersten Medizinbuch Chinas, dem *Shen*

Nong Ben Cao (Shen Nongs Heilkräuterkunde), ist uns dieser große Schatz überliefert.

Eines Tages war Shen Nong Shi wieder einmal auf seinen gewohnten Fährten durch Wald und Flur unterwegs. An diesem Tag, so wird uns berichtet, hatte er bereits zweiundsiebzig ihm unbekannte Pflanzen gekostet, und alle giftigen hatte er bisher rechtzeitig erkannt, als ihn plötzlich beim Probieren eines Krautes ein bleiern lähmendes Gefühl überfiel. Fieberhaft und mit letzter Kraft suchte er nach Linderung und Hilfe – wusste er doch, dass der Himmel bei einer Gefahr immer auch eine Rettung bereithält.

So stand er plötzlich vor einem Strauch, dessen Blättern ein wundersam klarer, feiner Duft entströmte. Er kaute einige Blätter dieses Strauches, und sogleich begannen seine Speicheldrüsen so stark zu reagieren, wie er es noch nie erlebt hatte. Er war gerettet – denn er hatte die heilkräftige Teepflanze entdeckt. Shen Nong Shi kostete und prüfte noch einmal, denn ganz neu war ihm das süße und zugleich bittere Aroma, das er von keiner anderen Pflanze kannte. So fand er, der Erfahrene, diese für den Tee so typischen Merkmale schnell heraus: die Süße, die unseren Körper ernährt, und die Bitterstoffe, die reinigend und ausschwemmend wirken. Nie zuvor hatte er – wie nach diesem ersten Teegenuss – seinen eigenen Körper so klar und rein und leicht gespürt.

Tee, den die Alten auch »Kontrolleur« nannten, ist von bitterem Geschmack und gehört nach der chinesischen Medizin zu den kalten Heilmitteln. Er kann das »innere Feuer« dämmen, das so häufig Ursache von Krankheiten ist – mit innerem Feuer ist hier erhöhte Temperatur oder eine Entzündung gemeint. Ist das innere Feuer gebändigt, wird der Körper gereinigt. Trinkt man lauwarmen Tee, nimmt das innere Feuer ab, trinkt man ihn heiß, weicht das Feuer ganz aus dem Körper. Daher ist Tee für die Gesundheit so wichtig.

Mit schwärmerischen Worten berichtete Shen Nong Shi von der neuen heilkräftigen Pflanze, die nicht nur als Medizin bekannt werden sollte, sondern auch alle Eigenschaften hatte, um bei behutsamer Behandlung zu einem Genussmittel ohnegleichen zu werden. »Glückbringendes Gras« nennt man seither den Tee.

Zu allen Zeiten glaubten Mystiker – auch im alten China –, dass es möglich sei, die Grenzen der Lebensspanne, die uns gegeben ist, zu überschreiten. Bisher ist kein Fall bekannt, bei dem dies gelang. Auch die findigen, klugen alten Chinesen haben das Elixier trotz emsiger und vielfältiger Suche nicht gefunden. Durch ihre mannigfachen Forschungen haben sie jedoch zahlreiche Methoden entwickelt, die uns heute noch helfen, unsere Lebensspanne in bestmöglicher Weise zu nutzen und zu genießen.

»Chang Shen Shu« nennen die Chinesen ihre »Kunst, ein langes Leben zu pflegen«. Zu ihr zählt auch die hohe Schule der Teekunst, von der wir hier berichten wollen.

Mit Shen Nong Shi hatte der »Teeweg« begonnen, der im Laufe seiner langen Geschichte zur »Teekunst« werden sollte. Tee, der klare Freund der Menschen, wurde vor viertausendfünfhundert Jahren im alten China entdeckt.

»Süßer Tau am Nebelberg« – Der erste Kaiserliche Teegarten

Ursprünglich diente Tee von den wild wachsenden Büschen als Medizin, Nahrungsmittel und Opfergabe. Vor zweitausend Jahren, zur Zeit der Han-Dynastie (206 v. u. Z. – 220 u. Z.), hat Wu Li-zhen am Mong-Shan den ersten Teestrauch gepflanzt. Dieser Berg ist kaum höher als zweitausend Meter, aber seinen Ruf tragen die Winde zehntausend Meilen hinaus ins Land der Teetrinker. Noch heute nennt man den dort geernteten Tee »Mong-Shan-Tee« und verehrt Wu Li-zhen in einem kleinen Tempel am Fuße des Berges als Teegott.

Fromme buddhistische Mönche nahmen den Teegarten und den Tempel einst in ihre Obhut und versammelten sich zur Zeit der Teeernte zu einer besonders feierlichen Zeremonie. Nachdem sie zunächst ihre Körper gereinigt hatten, wurden unter frommen Sutrengesängen und mit Räucherstäbchen vor dem Tempel auf einer von Steinmetzen dekorativ gestalteten Platte die ersten feier-

Wu Li-zhen, der Teeheilige,
fotografiert im Tempel am Fuße des Mong-Berges.

lichen Handlungen durchgeführt. Nach dem Aufstieg zum Gipfel begann – wieder von Gebeten und Gesängen begleitet – die erste Pflückung im kleinen, von einer Mauer umfriedeten Teegarten. Die frommen Männer pflückten nur dreihundertsechzig Teesprossen, symbolisch für die dreihundertsechzig Tage im Jahr des Mondkalenders – damals galt noch der alte Kalender, nach dem das Jahr nur dreihundertsechzig Tage zählt.

Behutsam wurden nur die ersten kleinen Sprossen gepflückt, um die Güte des kostbaren Tees nicht zu gefährden. Mit dieser winzigen Ernte kehrten die Mönche singend und betend in den Tempel zurück, und dort, in heiliger Halle, wurde der Tee von ihnen selbst verarbeitet. Diese kostbare Gabe, nun »Kaisertee« genannt, füllten sie in ein silbernes Kästchen, und sandten es – vom Teegott gesegnet – zum Palast des Himmelssohnes. Danach stiegen die Mönche zur zweiten Pflückung noch einmal hinauf zum Teegarten – nun durften mehr als dreihundertsechzig Sprossen geerntet werden. Auch

In Stein gemeißelter Teezweig, vermutlich noch aus der Han-Dynastie, fotografiert im Tempel am Fuße des Mong-Berges.

diese Ernte wurde im Tempel von ihnen selbst verarbeitet und ging direkt an den Kaiserhof. Diese Pflückung war für die Höflinge in unmittelbarer Umgebung des Herrschers bestimmt.

Nachdem die Himmelssöhne, die Herrscher Chinas, ihren Thron verlassen mussten, haben sich auch die Mönche aus dem Kaiserlichen Teegarten zurückgezogen und sind in andere Klöster abgewandert, von denen es in der Provinz Sichuan viele gibt.

Teegarten und Tempel sind heute ein Museum, aber auf den Plantagen, bis hinauf zur Spitze des Berges, wird immer noch vorzüglicher Tee gepflanzt. »Mong Ding Huang Ya«, zu deutsch »Gelbsprossen von der Spitze des Mong Berges« und »Süßer Tau« kennt jeder Teeliebhaber in China.

Ursprünglich wurde Tee übrigens nicht getrunken, sondern gegessen. Dass Teeblätter sich auch hervorragend als Aufgussgetränk eignen, fand man zur Zeit der »Drei Reiche« zwischen 220–280 heraus. Seit jener Zeit kennen wir den Tee als Getränk.

Waren die Blätter zu alt, rührte und stampfte man sie mit Reisbrei zu einem flachen Pfannkuchen, den man anbacken ließ, bis er dunkelrot wurde. Dann wurde er zermahlen und mit Ingwer, Zwiebeln und Orangenschale gekocht. Auch mit allerlei Gemüse, Zwiebeln, Knoblauch und Kräutern, Salz und Öl kamen Teeblätter in den Kochtopf und wurden als Suppe gegessen.

Der erste Teefund

Bei Straßenbauarbeiten hörten die Arbeiter plötzlich ein zischendes Geräusch von entweichendem Gas und bemerkten einen eigenartigen Geruch. Sie waren überrascht; die Archäologen, die sogleich hinzugezogen wurden, hoch erfreut. Man hatte ein fürstliches Grab aus der Zeit um 200 vor unserer Zeitrechnung entdeckt. Das Zischen von entweichendem Gas ist ein sicheres Indiz, dass ein Grab noch nie von Grabräubern geplündert wurde und dass es seit der Grablegung kein stärkeres Erdbeben gegeben hat.

Bei diesen Ausgrabungen stießen die Archäologen auf eine Frauenleiche, deren Haut derart elastisch war, dass noch Injektionen vorgenommen werden konnten, und bei der Obduktion fand man im Magen Speisereste. Die Archäologen konnten sich nicht erklären, wie es damals schon möglich gewesen sein sollte, Leichen zu konservieren. Welche Methoden man tatsächlich verwendet hatte, ist bis heute rätselhaft. Gewiss ist, dass es sich um die besterhaltene Mumie der Menschheitsgeschichte handelt. Unter den Grabbeigaben befand sich interessanterweise ein Bambuskorb mit Tee. Dies ist der erste Teefund der Geschichte.

Gäste empfängt man mit Tee

Zur Zeit der »Drei Reiche« (220–280) wurde zu festlichen Banketten Wein getrunken. Wer keinen Alkohol mochte, ließ sich von den Dienern heimlich Tee einschenken. Das wurde nicht bemerkt, denn Tee und Reiswein haben die gleiche Farbe.

Es war zu jener Zeit Sitte, dass, wer Luxus nicht liebte, seine Gäste mit Tee statt mit Wein empfing. Schlichtheit und Bescheidenheit galten damals als hohe Tugenden. In der Jin-Zeit (265–420) empfing ein Fürst nicht einmal seinen Kanzler mit Wein, sondern mit Tee.

Da Tee Genuss- und Heilmittel zugleich ist, hat es sich in ganz China eingebürgert, Gäste mit Tee statt mit Wein zu empfangen. Jeder kennt den Ausspruch: »Kommt ein Gast in tiefer eisiger Nacht, bereitet man Tee statt Wein.«

Edler Tee klärt den Geist und macht uns zu Meistern der Lebenskunst.

In jungen Jahren

Traumwandern über Berge und Seen,
der alten Ch'an-Meister Lehren im Herzen.
Abendfrieden erfüllt das Gemüt.
Wer Stille liebt, mag verweilen
zur erquickenden Schale Tee.
Auf der Mondsichel ruhend,
lehn am Berg ich in nächtlichem Schweigen.

Kalligraphie von Xue Sui: In jungen Jahren

Lu Na hat »klaren Wind in den Ärmeln«

Einst lebte ein erfolgreicher Beamter in Wu Hsin, der sich durch seinen unermüdlichen Kampf gegen Luxus und Verschwendung in der Gesellschaft einen großen Namen gemacht hatte. Er, Lu Na war sein Name, war unbestechlich und bescheiden und führte einen schlichten Haushalt. Anerkennung und Lob durch die Regierung blieben nicht aus, und er wurde Gouverneur der Provinz Wu Hsin. Auch als Gouverneur änderte er seinen Lebensstil nicht und blieb so unbestechlich, wie er es immer gewesen war. Darum sagte man von ihm, er habe »klaren Wind in den Ärmeln«, denn die Mode jener Zeit betonte weite Ärmel, in denen man leicht geheime Mitteilungen, Klagen oder Liebesbriefe verstecken konnte.

Eines Tages wurde ihm der Besuch von Hsie An, dem Kanzler des Kaisers, gemeldet. Der Gouverneur, empfing auch diesen hohen Gast mit nur einer Schale Tee und Obst. Lu Nas Neffe war so aufgebracht über die karge Bewirtung des hohen Gastes, dass er glaubte, die Familie habe nun ihr Gesicht verloren. Ob der Herr Onkel denn überhaupt nicht wisse, welche hohe Ehre seinem Hause zuteil geworden sei; er sollte doch wissen, dass der Herr Minister ein großer, im ganzen Volk bekannter und hoch geehrter General gewesen sei, der in den Kriegen gegen die Nordvölker wahre Wundertaten vollbracht hatte. Gegen gewaltige Übermachten hatte er in großen Schlachten gesiegt. Man denke nur an die berühmte Schlacht auf den Wassern des Yangtse! Und der Onkel empfängt ihn mit einer Schale Tee und etwas Obst!

Der Neffe glaubte, das Gesicht der Familie zurückgewinnen zu können, indem er den Kanzler und andere hohe Beamte zu einem üppigen Bankett einlud. Der Onkel erschien, wie wir uns denken können, nicht zu dem Festmahl, befahl aber den Neffen am nächsten Tag vor den Ahnenaltar im Familientempel und sprach: »Vernimm das Urteil über dein Betragen aus dem Munde deines Onkels. Du hast die Familienehre beschmutzt, mir, deinem Onkel und Familienoberhaupt, hast du kein Licht gebracht – mit vierzig Stockschlägen lasse ich die Strafe noch milde ausfallen.«

Die Blüte der Teekultur während der Tang-Dynastie

Die Tang-Dynastie (618–907) war eine Blütezeit der chinesischen Kultur. Die daoistischen und auch die buddhistischen Gelehrten strebten nach philosophischen und künstlerischen Idealen. Daoisten übten sich in der »Kunst, ein langes Leben zu pflegen«, und so wurde der Grüne Tee ein begehrter Heiltrank. Mönche, Literaten, Poeten und Maler liebten ihn wegen seiner anregenden Wirkung, die sie zu immer neuen Schöpfungen inspirierte.

Es war die Zeit Lu Yüs, des größten Teemeisters; die Zeit, in der Ch'an-Mönche und -Meister ihre Lehre aus dem Süden ins nördliche China brachten. Es war die Zeit Hui Nengs, des letzten Patriarchen, und die Zeit, in der Poeten und Maler mit Versen und Bildern den Tee zum Kultgetränk erwählten.

Lu Yü und das erste Teebuch – Die chinesische »Teebibel«

Lu Yü hat mit seinem Teebuch drei bedeutende Veränderungen in die Teekunst eingebracht:

Der Tee erhielt im ganzen Land den einheitlichen Namen »Cha« – und so heißt er noch heute. Bis dahin wechselte sein Name von Provinz zu Provinz.

Allgemein verbindliche Herstellungsmethoden wurden verbreitet, und man begann im ganzen Land, die Geräte und Utensilien zu verwenden, die Lu Yü empfohlen hatte.

Tee verschwand aus den Suppentöpfen und Salatschüsseln und wurde nur noch als Aufgussgetränk und ohne jegliche Zutaten genossen.

Lu Yü und der Mönch Jao Ran

Um das Jahr 760 begegnete Lu Yü dem Mönch Jao Ran; aus der Begegnung wurde eine tiefe Freundschaft. Jao Ran war Literat und Philosoph. Während Lu Yü uns seine wissenschaftlichen Erfahrungen hinterlassen hat, sind die Werke Jao Rans philosophisch-literarisch inspiriert. Gemeinsam gestalteten sie den Weg der »Teekunst«, der unter ihrer beider Einfluss nun auch Poesie und Philosophie einschloss und seither in Teestuben und Schulen gepflegt wird.

In einem Gedicht schrieb der Mönch Jao Ran:

Noch schlaftrunken erquickt mich die erste Schale Tee.
Ernüchtert seh ich die Welt – Himmel und Erde hell und klar.
Die zweite Schale klärt den Geist, geschwind wie
»fliegender Regen«
über feinen Staub gesprüht.
Die dritte führt mich zum Dao.
Bitterkeit aus dem Herzen gebannt,
alle Sorge und Kränkung des Lebens vergangen.
Erkennt denn die Welt die edelste aller Pflanzen nicht?
Im Weinrausch findet der Mensch doch Täuschung nur.

Und noch eines hat Lu Yü bewirkt: den Brauch, nach der ersten Frühlingspflückung den Tributtee an den Kaiserhof zu bringen. Diese erste Frühlingspflückung war eine »heilige Handlung« – der Gouverneur und andere hohe Beamte mussten zugegen sein, wenn die Gabe an den Kaiser in feierlicher Prozession auf den Weg gebracht wurde. Natürlich wurde der Tee von den hohen Herren auch verkostet – alles geschah nach vorgeschriebenem Ritus, und so entwickelten sich auch in jener Zeit eine Teezeremonie und ein Teewettbewerb. Philosophen, Literaten, Poeten und Maler wetteiferten miteinander um den edelsten Tee und schufen Gedichte, Lieder und Geschichten, die wir noch heute mit größtem Vergnügen lesen. Feinschmecker wetteiferten miteinander, edle Sorten zu mischen und durch kunstfertige Behandlung immer neue Aromen zu schaffen – regelrechte Turniere wurden ausgefochten.

Wenn auch nach der Zeit Lu Yüs die Teezubereitung immer mehr verfeinert und immer mehr vervollkommnet wurde, so hat man seine Teeschule doch weiter gepflegt. Ja, Lu Yü, der unübertroffene Teemeister, wurde im Volk mehr und mehr wie ein Heiliger verehrt.

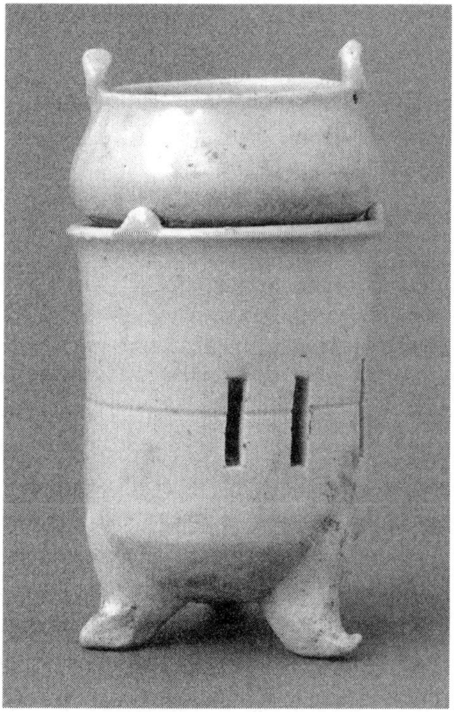

Zu Lu Yüs Zeit gab es noch keine Wasserkocher – dieses Modell zeigt, wie das Wasser damals in einem Gefäß erhitzt wurde, das gleichzeitig als Teekochtopf verwendet wurde (aus der Zeit der Fünf Dynastien 907–960).

Lu-Yü-Statuette, 10 cm hoch. Weiße Oberglasur, mit dreizackigem Hut, eine Schriftrolle in Händen haltend, die sein Teebuch, das »Cha Jing« symbolisiert. Es wird berichtet, dass ein namhafter Künstler eine kleine glasierte Tonstatuette von Lu Yü geschaffen hatte, die so beliebt wurde, dass man Teeliebhabern bei Großeinkäufen eine Kopie als Zugabe schenkte. Noch dreihundert Jahre nach Lu Yüs Tod wurden diese Statuetten hergestellt. Heute ist nur noch dieses eine Exemplar erhalten, das mit drei anderen Teeutensilien bei Ausgrabungen in Tangxian, Provinz Hebei, gefunden wurde. Sie sind im dortigen Provinzmuseum ausgestellt.

Das Sechs-Begehren-Gedicht von Lu Yü

Begehre nicht Gold,
nicht lilienweiße Jadebecher sind mein Begehr.
Begehre kein hohes Amt,
auch nicht glänzende Titel begehr ich.
Begehrenswert sind allein die Wellen des Flusses,
der mein Begehren nach Westen trägt
in die Stadt meines »Gütigen Meisters«.

Zwanzig Jahre nach Lu Yüs Tod im Jahre 824 rezitierte ein alter Mönch, ehemals Schüler von Lu Yü, dieses Gedicht seines Meisters, das jener nach dem Tod Zhi Jis in tiefer Trauer als Nachruf geschrieben hatte. Er hatte nicht zur Beisetzung des verehrten Lehrers kommen können, weil die Entfernung allzu groß war. »Allein die Wellen des Westflusses konnten sein Begehren nach Westen tragen.«

»Die Zehn Tugenden des Tees« von Teemeister Liu Zhen Liang

1 Tee kultiviert die Gaumenfreuden des Gourmets
2 stärkt die Gesundheit
3 reinigt vom »Staub der Welt«
4 vertreibt Müdigkeit
5 steigert die Lebensenergie
6 setzt gestaute Energieströme frei
7 kultiviert Gesittung und Lebensstil
8 lehrt uns, Sitte und Ehrerbietung zu preisen
9 adelt unser Herz
10 geleitet uns zum Dao

Meister Lu Quan (um 795–835) und seine sieben Schalen

Die erste Schale befeuchtet mir Lippen und Gaumen
die zweite erlöst mich aus meiner Einsamkeit
und von meinen Bürden
die dritte kontrolliert mein ausgedörrtes Inneres und findet dabei
nur fünftausend Bücher im hohlen Bauch*
die vierte Schale treibt kalten Schweiß und alles Unbehagen
meines Lebens aus den Poren
die fünfte reinigt Muskeln und Knochen
bei der sechsten fühle ich mich wie ein Gott
die siebente sollte man nicht trinken, denn sie bläst klaren Wind
aus den Achselhöhlen und lehrt fliegen

* Hat einer viel gelesen und studiert, heißt es:
»Er hat viel Wissen durch Lesen und Lernen und daher
viele Bücher im hohlen Bauch.«

Prinzessin Wen Zhen und Tibet

Im Jahre 634 während der Tang-Dynastie, zur Regierungszeit Tang Tai Tsongs, kam das Oberhaupt der Turfan-Dynastie, Nam Tsan Pu, Gebieter des Tangutenstammes in zweiunddreißigster Generation, an den chinesischen Kaiserhof und bat um die Hand der kaiserlichen Prinzessin Wen Zhen.

In der vieltausendjährigen Geschichte wechselten Krieg und Frieden, Frieden und Krieg. Und nicht selten geschah es, dass die Herrscher ihre schönen Töchter oder Konkubinen mit einem Nachbarkönig vermählten, um ihre Landesgrenzen zu befrieden. So geschah es, dass der Kaiser Tang Tai-Tsong die schöne Prinzessin Wen Zhen dem König Tibets zum Geschenk machte. An den Grenzen war dadurch zwar Ruhe eingekehrt, aber für die Prinzessin begann ein qualvoller Leidensweg.

Auf der Hochebene Tibets essen die Menschen vornehmlich Fleisch, Käse und Milch, selten Gemüse, das in den extremen Höhen nur schwer gedeiht. Diese Ernährung aber war der Prinzessin höchst zuwider. Immer, wenn ihre Dienerin ihr die morgendliche Yakmilch brachte, die man in China nicht kannte, verfinsterte sich ihr schönes Gesicht, und sie zog die Augenbrauen zusammen, ein untrügliches Zeichen ihres Widerwillens. Lange sah sie keinen Ausweg aus ihrer misslichen Lage – wollte sie doch die Menschen in ihrer Umgebung und vor allem ihren königlichen Gemahl nicht verletzen. Sie wurde krank, und ihre strahlende Schönheit schwand dahin.

In größter Unruhe, ja Verzweiflung fand sie dann aber doch eine Methode, Gesundheit und Schönheit wiederzuerlangen: Nach jedem Schluck Yakmilch trank sie einen kräftigen Schluck Tee, schließlich mischte sie die Milch mit Tee, wobei der Anteil Tee immer größer wurde und den verhassten Milchgeschmack beträchtlich milderte. Allmählich gewöhnte sie sich an das Getränk und auch an die anderen Milch- und käsehaltigen Speisen. Aufs Neue erblühte sie in voller Schönheit, ja, man sagte, sie sei schöner geworden als je zuvor. Und das schrieb man ihrem neuen Morgentrank zu. Die Kunde drang über die Mauern des Palastes hinaus, und es wurde im ganzen Land Sitte, Tee mit Milch zu trinken, ein Brauch, der sich bis heute in Tibet erhalten hat.

Vielleicht geschah es in jener Zeit zum ersten Mal, dass man Tee mit Milch getrunken hat, und es waren gar nicht die Europäer, denen man diese »Unsitte« in späterer Zeit zuschrieb?!

Teezeremonie der Hofdamen.
Von musikalischen Darbietungen umrahmt, sitzen die Hofdamen
um einen Tisch. In der Mitte steht eine große Teeschüssel.
Der Tee wird mit einem langstieligen Löffel
in die Trinkschälchen geschöpft
(Tang-Dynastie).

《宫乐图》局部

Tee und Buddhismus

Im Jahre siebenundsechzig unserer Zeitrechnung war es Kaiser Ming Di aus der östlichen Han-Dynastie, der die »Heiligen Buddhistischen Schriften« nach China bringen ließ. Überliefert ist ein Traum des Kaisers, in dem ihm ein Mann mit einem Heiligenschein erschienen war. Die mächtige Gestalt konnte im Palast umherfliegen, obgleich keine Flügel zu erkennen waren. Dieser Traum beunruhigte den Kaiser so sehr, dass er am folgenden Tag den Traumdeuter des Hofes zur Audienz befahl. Dieser hörte sich den Bericht seines Gebieters an und sprach nur das eine Wort: »Buddha.«

Umgehend gab der Kaiser den Befehl, Kuriere des Hofes gen Westen zu entsenden und die »Heiligen Buddhistischen Schriften« nach China zu holen. Auf weißen Pferden brachten die Boten die Schriften an den Hof von Loyang. Der Kaiser ließ zur Erinnerung an dieses Ereignis einen Tempel erbauen, in dem die Schriften aufbewahrt und von Mönchen übersetzt wurden. Dieser Tempel, der noch heute den Namen »Weiße-Pferde-Tempel« trägt, war der erste buddhistische Tempel, der in China errichtet wurde.

Der Buddhismus löste im Volk ein starkes Echo aus, während er in Kreisen der Literaten anfänglich wenig Beachtung fand. Erst nachdem der sechste Patriarch des Ch'an-Buddhismus, Hui Neng, eine Verbindung zwischen Daoismus und Buddhismus hergestellt hatte, begann die neue Religion auch die Gelehrtenwelt zu beeinflussen.

Erleuchtung ist kein Baum – Die Geschichte des Hui Neng (631–713)

Ein Mann aus dem Süden war dreißig Tage gewandert, bis er das Kloster auf dem Huang-Mei-Berg erreichte. Der Abt des Klosters, der fünfte Patriarch der Ch'an-Buddhisten, empfing ihn mit der Frage nach Namen und Herkunft und nach seinem Begehr. Er antwortete: »Ich bin Hui Neng, ein einfacher Mann aus Xin Zhou in Ling Nan und bin den langen Weg gewandert, um mich vor Euch, ehrwürdiger Herr, zu verneigen, mit dem Wunsch zu lernen und ein Buddha zu werden.«

Der Patriarch war beeindruckt von der Offenheit dieses einfachen ungebildeten Mannes und wollte ihn prüfen. »So, so«, sagte er, »du bist aus Ling Nan, ein Barbar aus dem Süden, ein Herr Schriftblind, der zu uns gekommen ist und glaubt, er könne ein Buddha werden!« Hui Neng antwortete ohne Zögern: »Gewiss, Euer Ehren, kann man die Menschen in jene aus dem Norden und jene aus dem Süden einteilen; die Buddhanatur wird aber doch wohl nichts wissen von Norden und Süden. Der Körper eines Barbaren mag anders sein als der eines Mönches, aber aus der Sicht der Buddhanatur, gibt es da einen Unterschied?«

Der Patriarch war bewegt, ließ es sich aber nicht anmerken, denn er fürchtete die Neider unter den Mönchen, die staunend diesem kurzen Wortwechsel gelauscht hatten und gewiss nicht bereit gewesen wären, den geistigen Rang eines Schriftunkundigen anzuerkennen. Der Meister musste den Dialog schleunigst beenden: »Dieser Barbar hat eine allzu scharfe Zunge«, und zu ihm gewandt: »Schweig jetzt, du hast schon zu viel geredet, geh an die Arbeit. Du kannst im Hinterhof Reis dreschen.« Hui Neng hatte wohl verstanden.

Acht Monate lang zog er, mit einem Seil um den Leib, den schweren Mühlstein. Da verkündete der Patriarch, es sei an der Zeit, einen Nachfolger zu bestimmen: »Schreibt mir eine Gata, ihr Mönche. Ich werde eure Sprüche lesen. Wer am weitesten auf dem Weg zur Erleuchtung vorangeschritten ist, soll mein Nachfolger sein. Und nun geht, aber sucht nicht übereifrig nach eindrucksvollen Worten. Wer allzu viel forscht und sucht in seinem Herzen, wird den Punkt nicht treffen. Wer das Göttliche in sich gefunden hat, wer Erleuchtung erfährt, dem geschieht es wie ein Blitz, der nie gespürte Seligkeit im Herzen auslöst. Geschehen kann es überall – in der Stille eurer Zelle, auf dem Weg zum Tempel, mitten in der Arbeit – überall. Und nun geht, ihr Mönche.«

Bevor die Mönche sich in ihre Zellen zurückzogen, diskutierten sie die Aufgabe und meinten, jeder wisse doch, dass der erste Mönch, Shen Xiu, der Nachfolger des Patriarchen werden würde, warum also unnötig Energien verschwenden für einen aussichtslosen Wettstreit? Und so kam es, dass nur Shen Xiu einen Spruch an die Wand der Großen Halle schrieb:

Mein Körper ist ein Bodhibaum,
mein Herz ein heller Spiegel.
Ich muss es beständig mit Sorgfalt pflegen,
um es zu schützen vor weltlichem Staub.

Als der Abt diese Zeilen las, wusste er sogleich, wer sie geschrieben hatte. Er war enttäuscht, sagte aber den Mönchen, diese Gata sei es wert, auswendig gelernt zu werden. Mit Shen Xiu allein, sprach er: »Dein Spruch zeigt mir, dass du auf dem Weg bist, das Tor zur Erleuchtung aber noch nicht durchschritten hast. Öffne dein Herz!«

In den folgenden Tagen hörte der Reisdrescher die Mönche die neue Gata rezitieren. Zu einem von ihnen sagte er: »Länger als acht Monate mahle ich nun den Reis für euch Mönche, aber die Große Halle habe ich noch nie betreten. Würdet ihr mich führen, damit auch ich dem Sinnspruch des Lehrers meinen Respekt erweisen kann?«

Dort angekommen, fuhr er fort: »Euer Diener, junger Herr, ist Analphabet, lest ihr mir vor?«

Als er den Text gehört hatte, bat er sogleich, der andere möge ihm behilflich sein, eine eigene Gata an diese Wand zu schreiben:

Erleuchtung ist kein Baum,
der glänzende Spiegel ist kein Gegenstand,
weil es überhaupt kein Ding gibt,
wie sollte weltlicher Staub es verunreinigen?

Am Abend ging der Patriarch unbemerkt von den anderen zum Reisdrescher in den Hinterhof und sprach ihn an: »Nun, Reisdrescher, ist der Reis reif?« »Seit langer Zeit, er sollte nur noch durch ein letztes Sieb geschüttet werden«, sagte Hui Neng. Der Patriarch klopfte dreimal mit seinem Stab auf den Boden und ging fort. Der Reisdrescher hatte das Zeichen verstanden und ging zur dritten Nachtstunde zu ihm. Als beide sich in der Stille der Nacht gegenüberstanden, legte der Patriarch seinem Schüler das Diamant-Sutra aus, und als er die Worte sprach: »Lass deinen Geist stets frei wirken – verweile in nichts und nirgendwo«, war der Augenblick gekommen, in dem der Reisdrescher sein eigenes Herz sah. (In der chinesischen Sprache heißt »mein Herz« – »wu hsin« – Erleuchtung.)

Dies war die Stunde seiner Erleuchtung. Der Patriarch übergab ihm Mönchsgewand, Bettelstab und Schale, sprach ihn zum ersten Mal mit Namen an und sagte: »Hui Neng, du bist nun der sechste Patriarch, achte auf deinen Weg und gib der nächsten Generation die Lehre weiter.«

Das geschah im Jahre 661, als Hui Neng gerade dreiundzwanzig Jahre alt war. Noch in derselben Stunde gingen beide an den Yangzi und bestiegen ein Boot, um zum anderen Ufer zu rudern. Der alte Patriarch ergriff das Ruder, stieß ab und bat Hui Neng, Platz zu nehmen.

Hui Neng war der Gedanke unerträglich, dass der alte Meister sein Fährmann sein sollte – aber jener sagte: »Es ist meine Aufgabe, dich ans Südufer zu bringen.« Hui Neng antwortete: »Solange ein Schüler noch in Selbsttäuschung befangen ist, soll sein Meister ihn über den Strom rudern, sobald er aber erleuchtet ist, soll er sich selber ans Ufer bringen.«

Mit dieser Geschichte des sechsten und letzten chinesischen Ch'an-Patriarchen hoffen wir, einen kleinen Einblick in die Denkweise des Ch'an-Buddhismus gegeben zu haben, die uns auf dem Pfad der Teekunst immer wieder begegnen wird.

Mit Hui Neng wurde der Ch'an-Buddhismus schnell in ganz China bekannt. Nicht nur die Lehre und die Methode, wie Erleuchtung zu erlangen sei, waren anders als in anderen buddhistischen Schulen, auch die Lebensart der Ch'an-Buddhisten war es. Da die Mönche in den Klöstern nach der Mittagsstunde nicht mehr essen, aber immer noch Tee trinken durften, und der Tee ihnen half, in den stundenlangen Meditationen wach zu bleiben, wurde er zu ihrem Kultgetränk. Jeder Mönch bereitete seinen eigenen Tee, und jedes Kloster hatte eine Teestube, in der auch Gäste empfangen wurden. In Klostergärten wurde Tee angebaut, und es sind Namen berühmter Äbte und Mönche überliefert, die große Teemeister wurden.

Wo es berühmte Tempel gibt, gedeiht immer auch guter Tee

Es ist bekannt, dass in klarer Gebirgsluft der beste Tee gedeiht. Da die Klöster gewöhnlich in abgelegenen Bergregionen liegen, haben die Mönche seit jeher die Teekultur gepflegt. Viele berühmte Teesorten wachsen auf Tempelgelände, und viele später berühmt gewordene Herstellungsmethoden wurden von Mönchen entwickelt.

In jedem Tempel gibt es einen Teeraum, in dem Besucher mit Tee bewirtet werden. An der Südseite des Tempels gibt es eine Glocke und eine Trommel – links hängt die Glocke, rechts die Trommel. Gibt es jedoch zwei Trommeln im Tempel, so sind sie immer an der Nordseite zu finden. Diejenige, die nach Nordosten weist, heißt »Buddhistische Trommel«, die an der Nordwestseite heißt »Teetrommel«. Auch das zeigt uns, wie sehr die Mönche ihre Teekultur geschätzt haben.

In alter Zeit waren Klöster auch Stätten intensiver Teeforschung. Die Klöster hatten großen Landbesitz, aber keine gesellschaftlichen

Verpflichtungen, und es blieb den Mönchen Zeit für Forschung und Zeremonie. Teetrinken wurde zur hohen Kunst entwickelt.

Ein geflügeltes Wort lautet: »Wo es berühmte Tempel gibt, gedeiht immer auch guter Tee.«

Der Maler und der Abt

In den alten Tempeln galt folgende Regel: den besten Tee für den Buddha, den zweitbesten für die Gäste, den drittbesten für die Mönche. Ein berühmter Maler besuchte einst ein Kloster. Er sah viele Kalligraphien und Bilder in den Klostergängen und ging umher, sie zu betrachten. Als der Abt den sehr lässig und einfach gekleideten Gast sah, sagte er nur kurz: »Platz nehmen, Tee!«

Nach kurzem Wortwechsel erfuhr aber der Abt, dass dieser lässig gekleidete Besucher sein Landsmann war, und so sagte er etwas freundlicher: »Bitte, nehmen Sie Platz! – Ehren-Tee!«

Schließlich erfuhr er noch, dass dieser Landsmann ein weithin bekannter Künstler war. Höflich und mit einem gewinnenden Lächeln sagte nun der Abt: »Ehrenplatz! – Duftender Tee!«

Zum Abschied bat der Abt den Künstler um ein Andenken an diesen Besuch in seinem Tempel. Der Künstler überlegte kurz, griff zum Pinsel und schrieb:

坐	請坐	請上坐
茶	泡茶	泡香茶
»Setzen!« – »Tee!«	»Setzen, bitte!« – »Tee-Kredenzen!«	»Ehrenplatz!« – »Duftender Tee!«

Eine Schale Tee

Ein Suchender kam zu seinem Ch'an-Meister und bat um dessen Hilfe, da er den rechten Weg zur Erleuchtung suche. Bevor jedoch der Meister zu Wort kommen konnte, begann der Gast von seinen Nöten zu erzählen. Als seine Rede kein Ende nehmen wollte, ließ der Meister Tee bringen. Er schenkte ein; die Schale war gefüllt; doch der Tee lief weiter aus des Meisters Kanne; er ließ ihn rinnen, bis der verwirrte Gast ihm in den Arm fiel und erregt ausrief: »Seht ihr denn nicht, ehrwürdiger Meister, dass die Schale längst gefüllt ist und der Tee überläuft?«

Gelassen antwortete der Meister: »Ja, die Schale ist gefüllt, so zum Überlaufen gefüllt, wie du es bist mit deinen Sorgen und Leiden. Aber sage mir, wie könnte ich dir Ch'an einschenken, wenn du mit einer übervollen Schale gekommen bist und mir nicht eine leere reichen kannst?«

Der wahre Weg

Ch'an-Meister Dshau Dshou begab sich auf den Weg zum Kloster seines Lehrers Nan Quan und fragte: »Was ist der Wahre Weg?«

Jener antwortete: »Der alltägliche Weg ist der Wahre Weg.«

»Kann man ihn erlernen?«, fragte der Schüler.

Nan Quan antwortete: »Je mehr du lernst, desto weiter entfernst du dich vom Wahren Weg.« Da fragte der Schüler: »Wie könnte ich aber dennoch den Wahren Weg erkennen?«

Nan Quan sprach: »Der Weg ist nicht sichtbar und auch nicht unsichtbar. Suche ihn nicht, erfrage ihn nicht. Öffne dich groß und weit wie der Himmel, und du wirst den Wahren Weg finden und auf ihm wandeln.«

Hört, ihr Mönche!

Am Nachmittag versammelten sich die jungen Mönche in der »Halle der Andacht«. Schweigend saßen sie in der Runde und erwarteten ihren Meister, der aus seiner Eremitage im Bambushain am »Hügel der wandernden Wolken« hinabgestiegen war, um die Novizen zu unterweisen. Und der Abt sprach:

»Hört, ihr Mönche, was ich euch zu sagen habe über den Tee, die einzige Erquickung, die euch nach der letzten Mahlzeit in der Stunde des Pferdes noch gestattet ist – wie Buddha es lehrte. Was geschieht euch, wenn ihr, dem Mond- und Sonnenlauf folgend, in der »Stunde des Affen« euch niedersetzt zur Meditation – und schon in der »Stunde des Hundes« fühlt ihr eure Lider schwer werden und dass der Schlaf sich eurer bemächtigt. Was tut ihr Mönche? Trinkt Tee in solcherart Nöten, und meditierend werdet ihr mühelos die »Stunde des Tigers« erreichen – denn Tee regt an. Was geschieht euch, ihr Mönche, wenn ihr beim Mahle euch ungebührlich übersättigt? Euer Magen wird schwer, euer Inneres gerät in Aufruhr. Dann, ihr Novizen, hilft euch der Tee, der entlastet und lindert. Was geschieht, wenn Unruhe euch plagt und eure Gedanken in krause Bahnen lenkt? Tee, ihr Mönche, Tee befreit eure Sinne, Tee lenkt eure Gedanken in ruhige Gefilde Energie spendenden Geistes! Das ist, ihr Mönche, was ich euch zu sagen habe über den Tee.«

Die Tiere der 12 Doppelstunden im Tag:

Tier	Uhrzeit	Tier	Uhrzeit
Ratte	23 – 01	Pferd	11 – 13
Ochse	01 – 03	Ziege	13 – 15
Tiger	03 – 05	Affe	15 – 17
Hase	05 – 07	Hahn	17 – 19
Drache	07 – 09	Hund	19 – 21
Schlange	09 – 11	Schwein	21 – 23

Chi-Lin-Gras

Im Norden Chinas gedeiht die Teepflanze nicht. Dort lernte man den Tee erst mit der Verbreitung des Ch'an-Buddhismus kennen. Der wachsende Teeverbrauch führte dazu, dass im Süden neue Anbaugebiete erschlossen wurden – in ganz China trank man nun Tee.

Aber nicht nur Mönche und Ch'an-Meister brachten den Tee in nördliche Provinzen, auch angehende Gelehrte und Beamte, die unterwegs waren zur Staatsprüfung an den Hof, kamen aus dem ganzen Land und trugen dazu bei, Teesitten zu verbreiten.

Längst hatten gelehrte Konfuzianer die Staatsprüfungen eingeführt, zu denen man sich durch Kenntnis der Klassiker qualifizierte. Das Prüfungssystem bestand aus einem langwierigen Procedere, das ohne Teetrinken undenkbar war. Man nannte den Tee, der dem Prüfling bei Hofe serviert wurde, »Chi-Lin-Gras«, was so viel heißt wie »Einhorn-Gras«, da das Einhorn ein glückbringendes Symbol war und das Kommen tugendhafter Herrscher verkündete. Vor der Geburt des Konfuzius, so wird überliefert, soll sich das letzte Einhorn den Menschen gezeigt haben.

Das älteste höfische Teeservice und der Fa-Men-Tempel

Im Fa-Men-Tempel wird eine besondere buddhistische Reliquie aufbewahrt: ein Fingerknochen Buddhas. Durch diese seltene Reliquie wurde der Fa-Men-Tempel so berühmt, dass ein Kaiser der Han-Dynastie ihn schließlich zum kaiserlichen Familientempel erklärte, zu dem auch alle Höflinge und der Adel des Reiches Zugang hatten. Die Kaiser und ihre Gemahlinnen hielten hier ihre Zeremonien ab.

Außer Kaiser Wu Zhong sind alle Han-Kaiser Anhänger der buddhistischen Lehre gewesen, und es ist überliefert, dass nur alle dreißig Jahre einmal die Tür zum Allerheiligsten geöffnet wurde, um Buddhas Fingerknochen zur Segnung durch den Kaiser in den

Als man im Jahr 1987 mit der Restaurierung des Fa-Men-Tempels begann, fand man auch die edlen höfischen Teeutensilien aus der Tang-Zeit, kostbarste Gold- und Silberschmiedekunst. Fotos: Leihgabe von Wang Baoping, Xian.

Palast zu bringen. Die Kaiserin, die kaiserlichen Konkubinen, die Prinzen, Höflinge und Minister brachten ihre Opfergaben dar und wetteiferten miteinander darum, wer die größten Gaben spendete. In allen folgenden Dynastien hat der Fa-Men-Tempel nichts von seinem Glanz und Ruhm eingebüßt.

Durch die Jahrhunderte war er Anziehungspunkt zahlloser buddhistischer Pilger und Bewunderer der klösterlichen Kunstschätze – und in seiner langen Geschichte hat er auch so manche Katastrophe überstanden. Wenn man das Kloster heute besucht, wird einem von dem »Wunder« von 1981 erzählt:

Nachdem der Tempel im Laufe seiner Geschichte mehrere Erdbeben überstanden hatte – mit mehr oder weniger großen Schäden –, bemerkte man nach wolkenbruchartigen Niederschlägen am 24. August 1981 an der Pagode, die bereits in den Jahren zuvor eine leichte Westneigung hatte, plötzlich starke Risse. Zunächst wurden diese Risse um neun Uhr morgens beobachtet. Um sieben Uhr abends stürzten dann zwei Drittel der gesamten Pagode ein. Auch der verbleibende Teil war in Besorgnis erregendem Zustand, und die Regierung beschloss, auch das restliche Gemäuer abzutragen und die ganze Anlage neu aufzubauen.

Später entdeckten Archäologen und Arbeiter die steinerne Decke eines unterirdischen Palastes. Die »Große Schatzkammer«, die eintausendsiebenhundert Jahre lang in ihrem Märchenschlaf geruht hatte, kam durch diesen Einsturz ans Tageslicht. Der kostbare Buddhafinger und viele andere wertvolle Kulturschätze waren der buddhistischen Welt wieder geschenkt. Nach der Entdeckung der Terrakotta-Armee in Xian bezeichnet man diesen Fund als das »Zweite Wunder in Shanxi«. Heute ist der Fa-Men-Tempel auch ein beliebtes Touristenziel.

In der Regierungszeit des Ming-Kaisers Seng Zhong war die Pagode erbaut worden. Sie war – und ist heute wieder – siebenundvierzig Meter hoch und hat dreizehn Stockwerke. In dem zweiten und dem zwölften Stockwerk sind Buddhastatuen in kunstvoll gestalteten Bogennischen aufgestellt, außerdem befinden sich dort Truhen mit »Heiligen Buddhistischen Schriften«. Eine große gusseiserne Glocke, die es heute noch gibt, hing einst in einem der Türme, der aber nicht mehr existiert.

Zur Zeit der Klostergründung in der Tang-Dynastie sollen mehr als fünfhundert Mönche und Nonnen im Kloster gelebt haben, die klostereigene Landwirtschaft konnte mehr als eintausend Mönche und Nonnen ernähren.

Der Legende nach ist nur ein Fingerknochen des Buddha echt, andere – man hat insgesamt vier entdeckt – sollen Nachbildungen sein, sie werden Buddhas »Schattenknochen« genannt. Am fünften Mai 1986, dem 2553. Geburtstag des Buddha, wurden die Fingerknochen ausgegraben, und seither wird die echte Reliquie in einer kostbaren Urne aufbewahrt.

Die Song-Dynastie: Das goldene Zeitalter der Teekunst

Galt die Tang-Dynastie schon als ein Höhepunkt der kulturellen, vor allem der literarischen Entwicklung, so erlebte China in der Song-Dynastie (960–1279) noch eine weitere Blüte gepflegter Lebensart.

Als Song Hui Zong (1082–1135) – selbst ein anerkannter Maler und Kalligraph – Kaiser wurde, ließ er die Hofakademie erweitern und ein neues Prüfungssystem mit dem Ziel, das Niveau der Malerei zu heben, einführen. Sein Motto lautete:

»Dichtung ist tönende Malerei – Malerei ist lautlose Dichtung.«

»Shi zhong you hua – im Gedicht gibt es Malerei,
hua zhong you shi – in der Malerei gibt es Gedicht.«

Die Dichter schenken uns in ihren Werken Gedanken, von denen wir sagen möchten: Keine Worte mehr, nur der Sinn strömt weiter in endlosen Bahnen.

Alle Worte eines guten Gedichts sind uns aus unserer Sprache vertraut. Aber wer könnte sie so meisterhaft zusammenfügen wie der Dichter, dass sie uns tief berühren? Philosophen, Dichter und Maler haben dasselbe Ziel: Sie suchen nach Worten, Mitteln und Wegen, um das Unsichtbare, Formlose, das abstrakte Wesen zu offenbaren, das übersinnlich Unerklärbare zu erhellen. Das ist die Metaphysik in Philosophie, Dichtung und Malerei.

Für die alljährlichen Aufnahmeprüfungen gab die Kaiserliche Akademie stets neue Themen bekannt. Unter Kaiser Song Hui Zong wurden erstmals Verse aus Gedichten anerkannter Poeten als Prüfungsthemen ausgewählt. Wenn ein Kandidat sich lediglich an den Verstext hielt und nur diesen wortgetreu darstellte, hatte er kaum Chancen auf Erfolg. Wer aber das Unnennbare, das Transzendente eines Verses, bildlich darzustellen vermochte, wurde als wahrer Künstler eingestuft. Die neue Thematik wird an den folgenden zwei Prüfungsbeispielen deutlich.

Das erste Gedicht, das es zu illustrieren galt, lautet:

Blütenblätter auf allen Frühlingswegen
Reiters Heimkehr
Blütenduft am Pferdehuf

Die beste Note wurde dem Künstler gegeben, der ein galoppierendes Pferd gemalt hatte, um dessen Hufe bunte Schmetterlinge flatterten.

Das zweite Prüfungsgedicht bestand aus folgenden zwei Zeilen:

Verlassener Strand menschenleer
quer zum Ufer legt sich die einsame Fähre
...

Der Sieger im Wettbewerb um dieses Thema hatte ein so genanntes Shan-Xui-Bild gemalt, eine Landschaft mit Berg und Fluss, einen menschenleeren Landungssteg und ein Fährboot, das quer zum Ufer angelegt hatte. An der Darstellung des Fährmannes erkannte man, dass keine Fahrgäste mehr erwartet wurden: Er blies seine Flöte, und die ganze Stimmung strahlte eine betont heitere Gelassenheit aus.

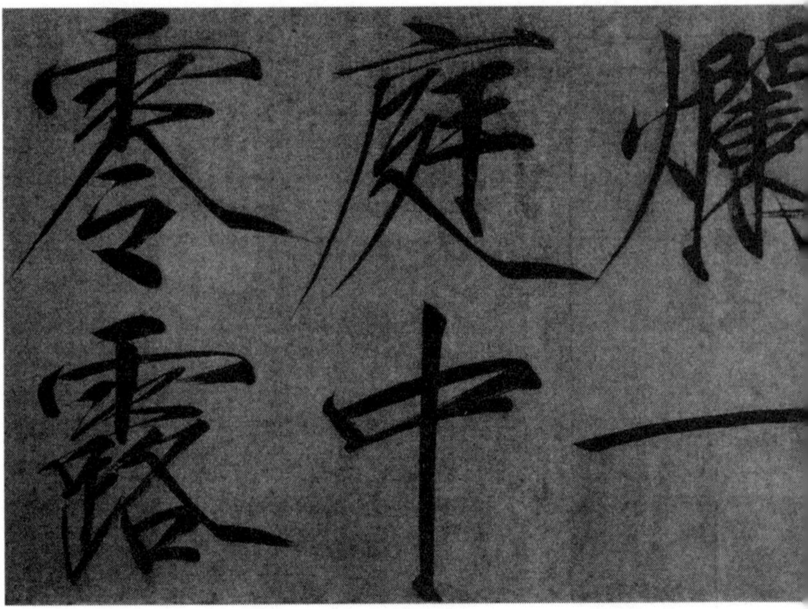

Kaiser Song Hui Zong war nicht nur ein guter Maler,
er hat einen Meilenstein in der chinesischen Kalligraphiekunst gesetzt.
Der berühmte kalligraphische Stil Sho Jing Su stammt vom ihm. Er war zwar kein guter Regent, aber er ist der einzige Kaiser, der ein Teebuch geschrieben und die Teekunst zu einem bis dahin nicht gekannten Höhepunkt entwickelt hat. Kunst und der Teeweg erreichten in seiner Zeit ihren Höhepunkt.

Der Fürst und der Radmeister

Am Hof regierte ein besonders wissensdurstiger Fürst. Eines Tages saß er, in ein Buch vertieft, unter einem Baum im Hofgarten. Der Radmeister des Hofes arbeitete an einem Rad, bemerkte seinen Herrn, trat heran und fragte jenen, was er da lese? Und der Fürst antwortete: »Ich studiere die Schriften der Weisen.« Der Radmeister fragte weiter: »Leben jene Weisen noch?« »Nein«, sagte der Fürst, »sie sind alle längst gestorben.« Da lachte der Radmeister: »So, so, sie leben nicht mehr. Das heißt, Ihr beschäftigt Euch mit dem übrig gebliebenen Plunder der Heiligen? Wozu kann das gut sein? Da wurde der Fürst sehr zornig und sagte ungehalten: »Wie könnt Ihr es wagen, mich so zu beleidigen? Wenn Ihr Euer Betragen nicht in angemessener Weise rechtfertigen könnt, werde ich Euch nicht schonen, und die Strafe wird Euch nicht gefallen.«

Hören wir die Antwort des Radmeisters: »Herr, ich bin nur ein Radmacher und kann von nichts anderem erzählen. Wenn ich ein

Rad zu langsam bearbeite, wird es nicht fest genug; sind meine Hände zu schnell, rastet es nicht ein; das richtige Zeitmaß kenne ich wohl, aber ich kann es nicht in Worte kleiden, selbst meinen Sohn kann ich die richtige Geschwindigkeit nicht lehren. Ich bin siebzig Jahre alt und muss immer noch jeden Tag in der Werkstatt stehen, weil ich meine kostbare Erfahrung nicht vermitteln kann. Und ich denke, so muss es wohl auch mit Euren Weisen sein: Ihr Kostbarstes haben sie mit in ihre Gräber genommen; was sie uns weitergaben, ist nur belangloser Plunder, wie man ihn überall finden kann. Die wahren Schätze bleiben immer verborgen, Herr. Aber ich bin nur ein Radmacher und kann nur von Rädern erzählen.« Diese Geschichte geht auf Zhuang Zi zurück, der sie im dreizehnten Kapitel seines *Tian Dao* berichtet.

Sprache ist nur Ausdrucksmittel für einen Gedanken, aber nicht der Gedanke selbst. Die Sprache, in der man ganz genau das ausdrücken kann, was man in den tiefsten Gedanken meint, gibt es nicht. Metaphysisches Sinnen und Gefühle innerlichen Erlebens sind in Sprache letztendlich nicht darstellbar.

Die drei Entwicklungen des Tees

Während der Song-Dynastie gibt es »drei Entwicklungen des Tees«:

1. Die Herstellung von und der Umgang mit »Tributtee« wird immer sorgfältiger und feiner, denn jetzt sind die Kaiser wahre Kenner. Auch die Teezeremonie wird in der Oberschicht gepflegt.

2. Der Teewettstreit wird im ganzen Volk populär und führt zu vielseitigen neuen Spielereien.

3. »Fen Cha« – Geheimnisvolle Zeichen des Tees.

Der Tributtee

Es war Sitte, besondere Produkte jeder Provinz – Früchte, Pflanzen und Tiere – dem Kaiser als Tribut zu liefern. Aus den Teegebieten kam jedes Jahr Frühlingstee an den Hof. Natürlich bemerkte man in Hofkreisen, dass immer, wenn jemand dem Kaiser einen besonders edlen Tee gebracht hatte, er zur Belohnung befördert wurde. So packte besonders karrieresüchtige Beamte der Ehrgeiz, und sie trieben die Teepflücker in die tiefsten Bergregionen, um den besten Tee für den Kaiser zu suchen. Je besser ihnen die Herstellung gelang, je feiner der Tee wurde, umso mehr begehrte ihn die Majestät. Die hohen Beamten behielten natürlich immer auch Tee für sich.

In alter Zeit hat man nur aus wild wachsenden Teepflanzen Blattsprossen und Blätter geerntet. Der Teeanbau wurde noch nicht so kultiviert. Nur die Reichen, die Oberschicht der Gesellschaft, konnte es sich leisten, Tee zu trinken. Erst viel später wurde Tee in Südchina angebaut. Das Verlangen wurde immer größer, das Volk musste hart auf den Plantagen arbeiten. Tee war zwar ein Genussmittel für die hohen Beamten, aber für das Volk, so wird berichtet, war deren Luxus eine schwere Bürde.

Seit Lu Yü sein Teebuch veröffentlicht hatte, wurde Teetrinken immer populärer und mehr gepflegt. Die hohen Herren wurden auch immer anspruchsvoller, und so entstand schließlich eine »Staatliche Tee-Manufaktur«. Diese erste Manufaktur war in Huzhou unweit von Yixing, woher die bekannten Tonkannen stammen, von denen wir später berichten werden. Das war im Jahre 770. Damals arbeiteten in der Manufaktur dreißigtausend Arbeiter, davon mehr als eintausend Facharbeiter. Tee wurde zu jener Zeit immer durch Dampferhitzung gebündelt oder kuchenförmig hergestellt. »Steinblumen vom Mong-Ding«, »Lila-Sprossen aus Gu-Chu« waren die bekanntesten Teesorten. Es gab noch andere mit poetischen Namen, wie zum Beispiel »Grünes Bächlein, Heller Mond«, »Tauspitzen vom Fang-Berg«, »Weißer Tau am Westberg«, »Gelbe Spitzen vom Huo-Berg«.

Die kaiserlichen Tees wurden auf besondere Weise hergestellt, und man gab solchen Tees auch immer besondere Namen, die nicht nur eine allgemein symbolische Bedeutung hatten, vielmehr auch Bezüge zu Kaiser und Hof.

Da die Teekunst während der Song-Dynastie einen Höhepunkt erreicht hatte, blieb es nicht aus, dass die Untertanen sehr bemüht waren, den Kaiser nur mit bestem Tee zu bedienen. Und das hatte zur Folge, dass am Hof sehr häufig auch ein Teewettstreit stattfand. Der Preistee wurde dann jeweils zum Tributtee erklärt. Neue Teegebiete wurden entdeckt und neue Teesorten entwickelt. Da der Kaiser ein Teegenießer war und man wusste, dass er seinen Tee zelebrierte, wurde die Teezeremonie auch von der Oberschicht der Gesellschaft akzeptiert.

Die Teezeremonie

Hatte Konfuzius, der »Größte Lehrer Chinas«, schon eintausendfünfhundert Jahre früher den Satz geprägt: »Es gibt niemanden, der nicht isst und nicht trinkt, aber nur wenige tun es mit Stil und Geschmack«, so wurde nun den alten Ritualen und Umgangssitten wieder mehr Aufmerksamkeit geschenkt. Dazu trugen die Ch'an-Mönche entscheidend bei, die ein ausgeklügeltes Ritual ihrer Teezeremonie lehrten. Der Teeweg wurde zu einer Kunst in den Händen der Meister – eine gepflegte Lebenskunst führte auf den Weg der Selbstbesinnung. Damals fand die Teezeremonie auch erstmals ihren Weg nach Japan und entwickelte sich dort zu einem religiösen Ritual. Japanische Mönche studierten den Ch'an-Buddhismus in China, lernten alles über den Tee und nahmen Samen mit in ihr Land.

Die Begeisterung für den Tee und alles um ihn herum nahm in der Gesellschaft der Song-Zeit stetig zu. Kaiser Song Hui Zong verschwendete ein Vermögen für guten Tee und schrieb schließlich selber ein Teebuch. Schon das Erscheinen des ersten Teebuchs, des *Cha Jing* von Lu Yü, hatte im ganzen Land größtes Aufsehen erregt. Jeder literarisch auch nur ein wenig Gebildete kannte die Teegedichte der Tang-Poeten, jeder lernte den Umgang mit den neuen Teegeräten – es war wie ein Teerausch, der durch das ganze Land wehte.

Und nun schrieb gar ein Kaiser ein Teebuch: Zwanzig Rollen, in denen er neue Maßstäbe für den Umgang mit den Utensilien setzte, von ihm bevorzugte exquisite Qualitäten beschrieb und das Volk anregte, sorgfältiger mit dem Tee umzugehen. Außerdem verfasste er eine Abhandlung über zwanzig verschiedene Sorten, die ihm als die edelsten galten, darunter auch solche Teepflanzen, die es heute nicht mehr gibt.

War in der Tang-Dynastie die Teekunst noch von Poeten, Dichtern und Mönchen geprägt, so wurden es in der Song-Dynastie der Hof und die Gesellschaft, die dem Teeweg eine neue Richtung gaben. Erste Teehäuser entstanden – man spricht von der Blütezeit der Teekunst. Vom Kaiser ein Teegeschenk zu bekommen, galt nun ebenso viel wie ein Orden.

Von Ou Yang-shiu (1007–1072), einem der großen Gelehrten Chinas, wird berichtet, dass er während seines zwanzigjährigen Dienstes auf hohem Posten am Hofe nur ein einziges Mal mit einem Teegeschenk von seiner »Allergnädigsten Majestät« bedacht wurde. Das war eine so bedeutsame Auszeichnung, dass davon in den Geschichtsbüchern berichtet wird:

Ou Yang-shiu hatte sich als Literat und Historiker einen Namen gemacht. In einer armen Familie in der Südprovinz Jiangxi geboren, war er in jungen Jahren schon in der damaligen Hauptstadt Loyang in Gelehrtenkreisen verkehrt, und damit hatte sich ihm eine glänzende Beamtenlaufbahn eröffnet. Er wurde Beauftragter für das Prüfungswesen und kam an den kaiserlichen Hof, wo er Neuerungen eigenen Stils einführte. So plädierte er unter anderem für eine bürokratiefreie Verwaltung und hatte dadurch viele Anhänger gewonnen.

Aber eine so hohe Position bringt naturgemäß auch Intrigen und Feindschaften innerhalb der Hofclique mit sich, und so zog es Ou Yang-shiu nach mehr als zwanzig Jahren Beamtendienst vor, in die Stille zu gehen. Er selbst nannte das seinen »Rückzug in die Namenlosigkeit«. Befragt nach dem Höhepunkt seiner Karriere, mag er geantwortet haben: »Das Tee-Geschenk des Kaisers«, denn auch er war ein bemerkenswerter Teekenner und -liebhaber. Wie so viele Philosophen, Dichter und Maler wird er in der Teekunst Trost gefunden haben.

Die höfische Teezeremonie findet in einem prachtvollen Palast statt. Der gesamte Hofstaat versammelt sich in Ernst und Würden zu einem exakt einzuhaltenden Ritual: Der frische Frühlingstee muss vor dem fünften April, dem so genannten »Gräberfegetag«, im Palast angeliefert worden sein, das Wasser muss aus einer besonderen Quelle stammen und selbstverständlich werden nur die kostbarsten Teeutensilien verwendet. Der Kaiser selber bereitet den Tee, den die Eunuchen den Gästen kredenzen. Nun beginnt die Verkostung. Dem strengen Blick des Herrschers entgeht keine Regung. Alle bemühen sich eifrig, die Teekunst Ihrer Majestät zu loben. Man dankt überschwänglich für die große Gnade des Himmelssohnes. Glückwünsche und Gratulationen werden während der ganzen Zeremonie ausgetauscht. Die Zeremonie wird in vier Abschnitte eingeteilt: Empfang, Teetrinken, Gratulation und Lobpreisung.

Bei den Zeremonien in den Klöstern sitzen alle Mönche im Kreis. Der Abt zelebriert den Tee, reicht zunächst jedem der Mönche eine Schale Tee, dann werden die einzelnen Regeln nach streng vorgeschriebenem Ritual ausgeführt:

Zubereitung
Kredenzen
Wasser nachfüllen
jeden neuen Aufguss kosten

Nach diesen schweigend durchgeführten Handlungen wird über den Tee gesprochen, anschließend nimmt das Thema Tugendpflege breiten Raum ein. Ein allgemeines Gespräch über buddhistische Heiligtümer und Erlebnisse auf Pilgerreisen schließt sich an.

Tee, so sagen die Mönche, reinigt die Seele. Aus dem Staub der Welt zu gehen ist das erhabene Ziel der Buddhisten. Tee ist das liebste Getränk der Mönche, und jedes Jahr nach der Frühlingsernte veranstalten sie in ihren Klöstern einen Teeempfang. Eine der bekanntesten Teezeremonien ist die Jing-Shan-Zeremonie, benannt nach dem Jing-Shan-Tempel in der Provinz Zhejiang. Sie verläuft folgendermaßen:

Um die Gäste zu ehren, ist es die Aufgabe des Abtes selbst, den Ritus zu zelebrieren und auch den Tee zuzubereiten. Mönche reichen dann allen Anwesenden eine Schale Tee, die aber nicht gleich getrunken wird. Es gilt zunächst, die Schale zu betrachten und den Duft des Tees genießerisch zu schnuppern; sodann wird die Teefarbe begutachtet, und erst danach nimmt man den Tee in kleinen Schlucken zu sich. Erst nach der dritten Schale Tee beginnt man zu diskutieren, den Tee zu klassifizieren, den Abt als Teemeister zu loben und religiöse und philosophische Fragen zu diskutieren, um schließlich, nun schon in gehobener Stimmung, über Allgemeines – Freundschaft und Alltag – zu sprechen.

Die japanische Teezeremonie nahm ihren Anfang mit dem japanischen Mönch Zui Cheng, der im Jahr 805 nach China reiste, um im Guo-Chin-Tempel den chinesischen Buddhismus zu studieren. Er war es, der die ersten Teesamen nach Japan brachte. Im Jahr 1259 kam ein anderer japanischer Mönch, Nan Pu Zhao Ming, zum chinesischen Meister Xu Tang. Als der Japaner in seine Heimat zurückkehrte, berichtete er erstmals in Japan von Teewettstreit und Teezeremonie. Beides hatte er bei den Mönchen in China kennen gelernt, und daraus entwickelte sich dann die japanische Teezeremonie.

長壽玉圭
銀模錫圈
直長三寸

興國巖揀芳
銀圈銀模
徑三寸

無比壽芳
銀模竹圈
方一寸二分

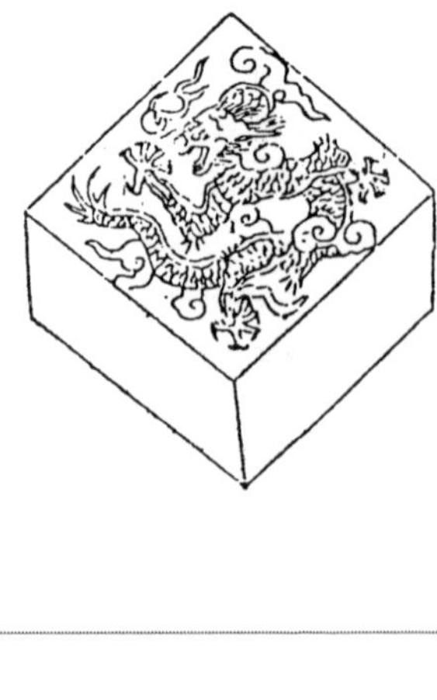

太平嘉瑞
銀模錫圈
徑一寸五分

Teewettstreit

Die ersten Teehäuser in Dörfern und Städten entstanden während der Song-Dynastie. Tee trinken war nicht mehr nur ein Privileg der Wohlhabenden und Angehörigen des Hofes – im ganzen Land begann man, die Teekunst zu pflegen. Immer feinere und raffiniertere Methoden wurden bekannt – man »kämpfte« gegeneinander –, der »Teekrieg« wurde ein populäres Spiel und Vorläufer der Teewettbewerbe, die es heute noch gibt, die mittlerweile jedoch eher kommerziellen Charakter haben. Ausgeklügelte Spielregeln gehörten zu diesem Teekrieg, der in den südlichen Provinzen begann, bald aber auch den Norden »eroberte«. Folgendes Zubehör mussten die »Kämpfer« bereitstellen: ein Stück Ziegeltee, einen Bogen sehr feines weißes Papier, ein Teemesser, Mörser, Sieb, Teebesen, eine dunkle Teeschale aus Ton oder Porzellan und einen Herd zum Wasserkochen.

Die Zubereitung fand nach folgenden Regeln statt: Ein Stück Ziegeltee wurde in das weiße Papier eingeschlagen und durch Klopfen zerkleinert, mit dem Hackmesser fein geschnitten und im Mörser pulverisiert. Danach gab man das Pulver durch ein feines Sieb – je feiner, umso wirkungsvoller, denn nur das feinste Teepulver kann

Während in der Tang-Zeit die Teeblätter noch zerhackt,
gemahlen und zu Tafeln geformt wurden, ging man in der Song-Dynastie
allmählich dazu über, lose Blätter ungeschnitten in Formen zu pressen
und dann zu zerstoßen, zu mahlen und mit heißem Wasser zu übergießen.
Uns sind Darstellungen überliefert, die runde und ovale
medaillonförmige Teeplatten mit feinen Ornamenten darstellen.
Blumen und Vögel, vor allem aber Drache und Phönix –
die beiden Symbole des Kaiserpaars – waren besonders beliebt.
Man hatte die Teeblätter in silberne Formen gepresst.
Gingen solche Medaillons als Tributtee an den Hof,
so wurden sie mit Goldstaub veredelt.

auf dem Wasser »schweben« und »Blüten« bilden. Die Trinkschale wurde vorgewärmt – eine weitere Voraussetzung dafür, dass der Tee »schwebt« und »Blumen« bildet. Sodann gab man das Teepulver in die Schale und rührte es mit ein wenig heißem Wasser zu einer Paste. Und nun begann ein Vorgang, den man »Wasser punkten« nennt. In kurzen Abständen wurde Wasser tröpfchenweise hinzugegeben und mit dem Teebesen geschlagen. Von diesem Stadium an beobachtete die Jury die einzelnen Kriterien, die über Sieg oder Niederlage entscheiden.

Wichtige Kriterien sind der Farbton und das Gleichmaß der »Blume«. Sie soll von weißer Farbe sein, je strahlender, umso besser – man spricht auch von »kaltem Brei«. Darüber hinaus wird bewertet, wie lange das Teepulver am Schalenrand haften bleibt und wie die Wasserspuren sich verteilen. Bleibt der Tee am Schalenrand haften, so nennt man das »Schalenbeißen«. Je länger dieser Rand haftet, umso positiver ist das Urteil. Löst sich der Rand allzu schnell auf, wird das als »Wolkenfüße zerschlagen« bezeichnet, und das Urteil fällt negativ aus. Wenn die »Teeblumen« allzu langsam zum Schalenboden sinken, sagt man, der Aufguss habe »Wasserfüße«, und der Wettkampf gilt als verloren.

Teewettstreit im Volk

Fen Cha – Teebilder verwandeln

In der Song-Zeit lebte der Mönch Fu Chüen, ein Teeexperte und großer Genießer. Er beherrschte die Kunst der Teebilder (Fen Cha), die ihn so bekannt machte, dass die Geschichtsschreiber uns seinen Ruhm überliefert haben. Leider ist jedoch keines seiner Teebilder erhalten – sie wurden getrunken oder haben sich aufgelöst wie Wolken am Himmel. Nach jahrelanger Übung hatte er eine Meisterschaft erreicht, die nur ein anderer in der ganzen Teegeschichte Chinas erreichte: der Song-Kaiser Hui Zong.

Beide, der Mönch und der Kaiser, konnten die »Teeblumen« auf dem Sud in ihrer Schale derart verfeinern, dass man deutlich kalligraphische Zeichen erkannte. Der Mönch übertraf den Kaiser sogar: Wenn er vier Schalen gleichzeitig zur Verfügung hatte, konnte er ein deutlich erkennbares Gedicht entstehen lassen. Von ihm stammen die Worte: »Was konnte der viel gerühmte Teemeister Lu Yü? Er hat den Tee erforscht, wusste, wie man ihn kocht und hat ein Buch geschrieben, das ist keine Kunst. Fen Cha ist besser als Tee kochen, Fen Cha ist Kunst!« Beklagenswert ist, dass diese Kunst in der Folgezeit ganz verloren gegangen ist.

Zauberwasser

Zwei berühmte Teekenner schlossen eine Teewette ab, und der edle Wettstreit begann. Der Gewinner, so glaubte man, stand von vornherein fest, hatte der eine doch einen bisher auch unter Liebhabern nicht bekannten Tee erfunden und dem Kaiser zum Geschenk gemacht. Nun brachte er seinen besten Tee mit. Er brühte ihn aber mit Wasser auf, das aus dem Brunnen stammte, der nur als der zweitbeste bekannt war.

Sein Gegner hatte einen weniger edlen Tee. Doch alle, die ihn nach dem Aufbrühen kosteten, waren über alle Maßen erstaunt: Nie zuvor hatten sie einen so köstlichen Tee getrunken. Alle waren wie verzaubert und begierig das Geheimnis des Teekenners zu erfahren.

Da jener ganz genau wusste, dass die Güte seines Tees sich nicht mit der seines Gegners messen konnte, musste er die Qualität des Wassers verbessern. Er holte sein Teewasser nicht aus einer der berühmten Quellen – viel mühsamer und pfiffig war seine Idee. Zunächst fällte er Bambusstämme, denn wenn man frische Bambusrohre vorsichtig mit einem nicht allzu starken Feuer erhitzt, fließt allmählich – Tropfen für Tropfen – der feine Saft heraus. Und mit diesem Bambussaft bereitete er seinen Tee, den Zaubertrank, der alle so sehr überrascht hatte.

Tuschestein und Tee

Literaten sind als anspruchsvolle und wählerische Teetrinker bekannt und versuchen um jeden Preis, überall den besten Tee zu finden. Und so kommt es gerade zwischen ihnen immer wieder zum bekannten Teewettstreit. Zwei aus der chinesischen Literaturgeschichte nur allzu bekannte Literaten, Si Ma-guan und Su Dong-po, trafen sich zu einer Teewette. Beide hatten sehr guten Weißen Tee.

Su Dong-po benutzte Schneewasser, das bereits ein Jahr gelagert hatte. Daher schmeckte sein Tee reiner und klarer als der Si Maguans. Der Gewinner, so wird uns berichtet, fühlte sich wie vom Himmel gesegnet, der Verlierer wie geächtet. Mit einer literarischen Scherzfrage versuchte der Besiegte den Stolz des Gewinners zu mäßigen:

»Literaten lieben Tuschestein und Tee. Je weißer der Tee, umso besser ist er. Der Tuschestein hingegen ist umso besser, je dunkler er ist. Guter Tee ist schwer, ein guter Tuschestein ist leicht. Tee soll so frisch wie möglich sein, ein Tuschestein so alt wie möglich. Zwei derart gegensätzliche Dinge kann man doch nicht gleich lieben?«

Alle anwesenden Gäste lobten diese gute Frage und warteten gespannt auf die Antwort Su Dong-pos. Der Dichter überlegte kurz und sprach:

»Gar seltsam sind die Gegensätze. Wohl aber haben edler Tee

und Tuschesteine auch Gemeinsames – beide duften. Darum lieben Literaten beide, denn Tee inspiriert uns zu neuer Schöpferkraft, zu neuen Ideen, Tusche verbreitet sie, und so kommen neue Ausdrucksformen und neue Moden in die Welt.«

Su Dong-po, der kluge Richter von Hangzhou am Westsee

Su Dong-po (1037–1101), auch Su Shi »Einsiedler vom östlichen Hang« genannt, ein Name, den er sich selber gegeben hat – geboren in der »Teeheimat« Sichuan –, war ein Literat von ungewöhnlichen Gaben, der sich in Lyrik, Prosa, Kalligraphie, ja selbst als Maler einen großen Namen gemacht hat. Seine Werke haben die chinesische Ästhetik in den folgenden Jahrhunderten auf literarischem und künstlerischem Gebiet stark beeinflusst.

Glänzende Examen in den Klassikerprüfungen hatten ihm eine erfolgreiche Beamtenlaufbahn ermöglicht. Er hat sich nie aus dem öffentlichen Leben zurückgezogen wie andere Literaten seiner Zeit. Seine konservative konfuzianische Bildung ließ das nicht zu. Er war ein »Edler«, der wohl die Zeichen der Zeit verstand, es aber als seine Aufgabe sah, das Alte zu erhalten und zu pflegen, und ihm war früh schon die Erkenntnis gekommen, dass Weltflucht des Einzelnen dem Ganzen keine Lösung bringt. Und so bemühte er sich bis an sein Lebensende, seinem Land zu dienen, indem er dem Überdruss, der Skepsis, der Hoffnungslosigkeit und dem Gefühl der Leere das Gute, die Zuversicht und den Glauben an das Edle im Menschen gegenüberstellte.

Während seiner Beamtenlaufbahn war Su auch einmal Richter. Er sollte einen Händler vernehmen, der in Schulden geraten war. Die Zeiten waren schlecht, und der Richter erkannte, dass er einen ehrenwerten Mann vor sich hatte, der unverschuldet in eine missliche Lage geraten war. Nach der Vernehmung befahl Su Dong-po dem überraschten Krämer, in die Stadt zu gehen und zehn Fächer zu kaufen. In Kürze war der Beklagte wieder zur Stelle, und hier,

Utensilien in der Song-Dynastie

mitten im Gerichtssaal vor aller Augen griff der Richter zu Pinsel und Tusche, bemalte und beschrieb die Fächer. Dann verkündete er mit lauter Stimme das Urteil: »Geht nun auf den Markt, sagt allen, wer diese Fächer bemalt hat, und verkauft sie und begleicht umgehend eure Schulden.« Überflüssig zu sagen, dass der Händler einen hohen Preis erzielte für die kleinen Kunstwerke des damals schon weithin bekannten und berühmten Su Dong-po.

Kalligraphie von Vera Niefer: Das leere Tal
Abstrakte Malerei nennt man in China »Tal-Malerei«.

Welken und Blühen der Teekultur von der Yuan- bis zur Qing-Dynastie

Während der Yuan-Dynastie (1271–1368) eroberten die Mongolen ganz China. Die in der Tang- und Song-Zeit so beliebten plattenförmig gepressten Teeblätter wurden nicht mehr geschätzt. Den gepressten Tee empfand man als allzu denaturiert, denn er schmeckt auch nicht besser als die naturbelassenen Teesorten. So wurden die naturbelassenen Teesorten immer beliebter. Die pulverisierten Tees verschwanden ganz und auch Teewettstreit und die Kunst der Teebilder gingen mit der Zeit verloren.

Der größte Beitrag der Yuan-Dynastie zur Teekultur war die Herstellungsmethode von dampferhitztem naturbelassenem Grüntee. Frisch geerntete Blätter werden zuerst mit Dampf erhitzt, so dass die Fermente gestoppt werden, bis die Blätter richtig gegart sind. In diesem feuchten Zustand rollt man sie. So entsteht die naturbelassene Form. Dann wird getrocknet. Diese Methode ist noch heute gebräuchlich.

Eine leuchtende Epoche: die Ming-Dynastie

Die Ming-Dynastie (1368–1644) – die »Leuchtende« wird sie genannt – ist erneut eine Blütezeit der Kultur. Das Ende der Mongolenherrschaft hatte, wie fast immer vor einem Dynastiewechsel in der chinesischen Geschichte, Unruhen mit sich gebracht. Die Gelehrten hatten ihre Ideen nicht verwirklichen können und sich aus der Umgebung des Hofes zurückgezogen. Der Mensch kehrte zurück in die Natur, man zeigte kein Interesse mehr an Politik. Neue Rituale und Teesitten wurden populär. Romane, Novellen und Bücher von Gelehrten erschienen in großer Zahl.

In dieser Zeit schrieb Chu Chüen, der siebzehnte Sohn des ersten Ming-Kaisers Ming Tai Tsu, ein Teebuch. Intrigen am Hof veranlassten ihn jedoch, sich nach Süden abzusetzen. Er zog es vor, sich mit dem Ch'an-Buddhismus zu beschäftigen. Er liebte Musik und pflegte die Teekunst, die »Kunst, die Seele zu beglücken«. Sein Buch »Notizen über den Tee« beeinflusste geradezu revolutionär alle bis dahin gültigen Regeln im Umgang mit dem Tee.

Sein Vater Ming Tai Tsu hatte befohlen, nicht mehr gepressten Tee, sondern naturbelassenen Blatttee zu trinken. Der Kaiser, aus dem einfachen Bürgertum abstammend – er hatte sogar einige Jahre als Mönch in einem Kloster verbracht –, wusste sehr wohl, dass die alte Herstellungsmethode eine arbeitsaufwendige Last für das Volk gewesen war, und so durfte fortan auch der Tributtee für den Hof nur in natürlicher Blattform geliefert werden. Mit solchen Neuerungen veränderten sich auch viele der bisher üblichen Herstellungsmethoden, Werkzeuge und Teegeschirre. Tee wurde ein Volksgetränk. »Nichts ist so natürlich wie Tee«, hieß es landauf, landab: »Wie der Himmel ihn gegeben, so rein soll man ihn genießen.«

Auch die Teezeremonie fand ihren Weg aus den Klostermauern hinaus in die Gesellschaft. Man hatte einen kleinen Teealtar im Haus und entzündete Räucherstäbchen, um die Luft zu reinigen, bevor man den Tee trank: »Betritt man eine Stube, in der dieser Brauch gepflegt wird, fühlt sich sogleich die Seele gereinigt – Himmel und Mensch werden eins.«

Wo kann man edlen Tee am reinsten genießen, fragten die Menschen. Man nahm alle notwendigen Teegeräte mit hinaus in die freie Natur. Auf Waldwegen suchte man einen Rastplatz, um den edlen Tee beim Rauschen eines Wasserfalls oder an einem klaren Bergbach zu genießen. In der Malerei finden wir entsprechende Motive mit Titeln wie: »Der einsame Teetrinker in den Bergen« oder »Dichtertreffen am Bergsee«.

Im Bambushain ist Empfang für den klaren Freund –
erquickender Abendhauch in letzten warmen Sonnenstrahlen.

Kalligraphie von Xue Sui: Der klare Freund
(Mit »klarer Freund« ist der Tee gemeint.)

Wenn eine Entwicklung ihren höchsten, edelsten und feinsten Punkt erreicht hat, dann, so heißt es bei den alten Chinesen, hat sie ihr Dao gefunden. Auch der Tee hat seinen Urgeist, sein Dao. »Cha Dao« heißt der »Teeweg«. Wie können wir das Dao des Tees finden?

In der Herstellung so fein wie möglich,
in der Aufbewahrung so trocken wie möglich,
in der Zubereitung so rein wie möglich.
So erreicht man das Dao des Tees.

Kalligraphie von Hu Hsiang-fan: Cha Dao

In der Ming-Dynastie werden weitere Herstellungsmethoden entwickelt. Man trocknet nur an der Sonne oder röstet in einer Pfanne (»Feuererhitzen«). Besonders geschätzt und auch weiter entwickelt wird die Methode, das Blattgut zu rösten. Fast alle berühmten Grüntees wie Long Jing, Bi Lo Chun, Huang Shan Maofeng werden auf diese Weise hergestellt. Die neue Art der Zubereitung des Tees in der Ming-Dynastie beeinflusst auch die Utensilien. Früher kochte man Tee in einem Topf oder in einer Kanne. Jetzt brüht man ihn direkt mit heißem Wasser in einer Deckeltasse oder Kanne auf. Eine neue Funktion der Kannen wird entdeckt – seither wird die Teekanne zum wichtigsten Gegenstand in der Zubereitung. Man nennt sie nun »Vater des Tees«. Eine neue Zeit beginnt!

Meine Deckeltasse

Frühlingswind liebkost mein Gesicht –
Vor meiner Hütte erster Blüten Pracht.
Zierliche Flusswellen zaubert der Deckel
wenn meine Hand ihn behutsam führt.
Betörender Duft steigt über den Deckelrand.

Den Lenz zu halten – uraltes Sehnen.
Doch nimmer, im Wandel der Jahreszeiten
erfüllt sich's dem Erdengeschöpf.

Edler Tee, frühlingsgrün in meiner Schale
schenkt dem Träumer Illusionen –
Ist's doch der Frühling selbst, der wiederkehrt?

Carla Steenberg

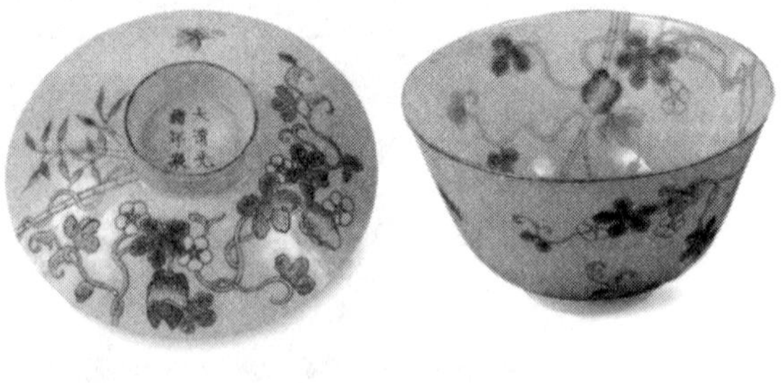

Wie der Schwarztee entstand

Während der Qing-Dynastie (1644–1911) wurden die Herstellungsweisen des Schwarztees und des berühmten Wulong-Tees erfunden. Tee fand nun auch seinen Weg als Handelsware in die Welt. Wann und wie der Schwarztee entstanden ist, weiß man heute nicht mehr genau. In einer Geschichte wird folgende Begebenheit berichtet:

Während des Opiumkrieges besetzten ausländische Truppen eine Teefabrik, um sie als Vorratslager zu benutzen. Es war gerade Erntezeit, das frisch geerntete Blattgut lag in der Halle, doch niemand kümmerte sich darum. So begannen die Blätter zu »arbeiten«, das heißt zu gären und damit zu fermentieren; ein starker Duft drang aus der Lagerhalle.

Schließlich gestatteten die Soldaten dem aufgeregten Teebauern, in die Halle zu gehen und sich um seinen Tee zu kümmern. Der Bauer wollte nun versuchen, diesen »misslungenen« Tee auf dem Markt zu verkaufen, und wurde alsbald überrascht von der Reaktion seiner Kunden – in wenigen Tagen war sein Tee ausverkauft. Seit jenen Tagen wird Tee auch auf diese Weise, voll fermentiert, hergestellt. Und so wurde er ein beliebtes Getränk auch bei den Ausländern, die mit seinem Export in ihre Heimatländer begannen.

Wulong-Tee nennt man »Perlen des Tees«. Seine Herstellung benötigt fast einen ganzen Tag – Grün- oder Schwarztee hingegen nur etwa zwei Stunden. Wulong ist die neueste Entwicklung in der Herstellung und die absolute Krönung. Wulong-Tee heißt übersetzt »Schwarzer Drachen Tee«, denn das fertige Blatt ist schwarz und gedreht wie ein kleiner Drache. Schwarzer Tee wird in China übrigens Roter Tee genannt, wegen der roten Farbe seines Aufgusses.

Das einfachste Zubehör besteht aus einer Deckelteetasse und genügt uns schon für die Zubereitung eines guten Tees. Man gibt die benötigte Menge Teeblätter in die Deckeltasse und brüht auf. Wenn die gewünschte Zeit verstrichen ist, trinkt man direkt aus der De-

Utensilien der Qing–Dynastie

ckeltasse. Der Deckel hat mehrere Funktionen. Zunächst soll er die Tasse schließen, damit die Temperatur nicht so schnell sinkt und die Inhaltsstoffe erhalten bleiben, auch schützt er vor lästigen Insekten. Man kann ihn auch als »Mischlöffel« verwenden. Im oberen Teil der Tasse ist der Aufguss schwach, unten ist er stark. Man kann nun mit dem Deckel den Teesud rühren, damit er sich gleichmäßig verteilt.

Diese Methode ist für einen Teetrinker gedacht, der alleine trinkt, sie hat aber einen Nachteil. Normalerweise trinkt man Tee, solange er heiß ist. Man kann heißen Tee nur langsam genießen, aber die Teeblätter in der Deckeltasse warten nicht auf uns. Je länger sie ziehen, umso stärker wird der Tee und sein Geschmack bitterherb. Daher ist es ratsam, aus Deckeltassen nur solche Teesorten zu trinken, die »auf uns warten können«, wie zum Beispiel »Grüne Päonien« und »Wolkenspitzen«.

Über grünenden Auen
öffnen sich geheimnisvolle Wolkenschleier,
enthüllen ihren verborgenen Schatz.
Zahllose Teebäume steigen in strahlendem Licht aus
grauer Nebelwand.
Welch ein betörender Duft,
wie durch magischen Zauber in meiner Teeschale vereint.

Carla Steenberg

Teeplantage am nebelverhangenen Mong-Berg.

Mauer des kaiserlichen Teegartens mit Emblem der Herrscher.

Blick in den ersten kaiserlichen Teegarten, in dem es schon immer nur wenige ausgesuchte Teebüsche gab.

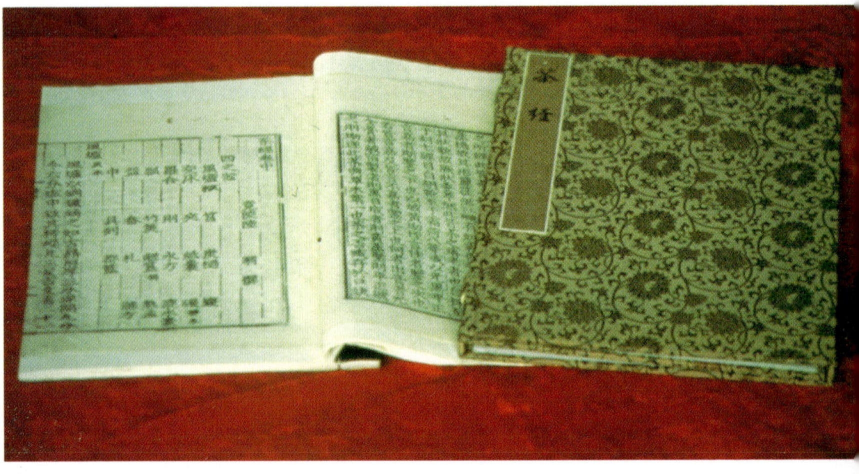

Lu Yüs Teebuch – die chinesische Teebibel.

Statue von Hui Neng, fotografiert im Guang Xiao Tempel in der südchinesischen Provinz Guangdong.

Dieses Gemälde von Kaiser Song Hui Zong zeigt, wie die Hofzeremonie eines Literatentreffens aussah. Es ist vielleicht das einzige Bild, das die Teezeremonie der Song-Zeit wiedergibt.

Teeplantage in Anhui.

Teeplantage in den Bergen; nur auf dem Wasserweg zu erreichen.

Teepressen – die Methoden wandern von Generation zu Generation.

»Grüne Päonien« sind aus Blattsprösslingen zu kleinen Kränzchen gebunden. Die zarten Blättchen gehen im Aufguss wie Chrysanthemen oder Päonien auf, und man nennt diese Form »Grüne Päonie«.

Deckeltasse im Schnee: Edles Porzellan aus Meeresperlenmuscheln, ein Novum in der Porzellanherstellung.

Wie ein Glockenspiel
klingen die Becher –
ihr samtweicher Klang
tönt lange nach –
wie das Lied der Welle
am Meeressaum,
der Heimat der
Muscheln.

Teeblüten und Samenkapseln

Kannen aus der Zeit der Qing-Dynastie.

Die alte Teewelt und unsere Zeit

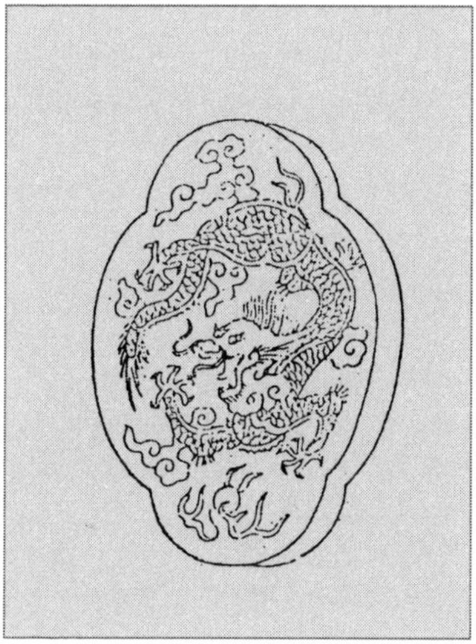

Dem Geheimnis des Tees auf der Spur

Die jahrtausendelange Geschichte des Tees hat uns gezeigt, wie er sich von Anbeginn an entwickelt hat. Er war Medikament, dann Gemüse und wurde schließlich zum genussvollen Getränk, das, wie die Philosophen sagen, »uns zur Entfaltung unseres Ichs führt«. Ein langer Weg führte vom Dampf- zum Feuererhitzen, vom Ziegelstein zum naturbelassenen Blatt und zur Kugel- oder Schwertform – vom Grüntee zum Schwarztee und schließlich zum kultivierten Höhepunkt, dem Wulong-Tee, dem »Champagner des Tees«, wie Kenner ihn nennen.

Herstellung und Zubereitung bestimmten auch die Entwicklung der Utensilien. Die Herstellung der Ziegelform hat ihren Höhepunkt in der Song-Dynastie erreicht – die damalige Art und Weise Tee zu trinken wird noch heute in Japan gepflegt. Die Grüntee-Herstellung und -Zubereitung erlebte eine bis dahin nicht gekannte Perfektion in der Regierungszeit des Qing-Kaisers Qian Long. Die Geschichte des Schwarztees begann mit den Kontakten zu Europa, und sein Genuss wurde vor allem in westlichen Ländern gepflegt. Und endlich erreichen Teepflege und Teegenuss mit dem berühmten Wulong, der Perle des Tees, ihren absoluten Gipfel in unserer Zeit.

Viele Theorien hat es gegeben, manche Regeln haben bis heute ihre Gültigkeit behalten, andere wurden im Laufe der Jahrhunderte verändert und verbessert. Wir versuchen im Folgenden eine Gegenüberstellung der alten Teewelt und unserer Zeit und berufen uns dabei auf Kaiser Hui Zhongs Teebuch *Da Guang Cha Lun* (Umfassende Betrachtung der Teetheorie):

»Immer wachsen alle Pflanzen verkehrt: Kopf nach unten in die Erde! Und dennoch ernähren sie die Menschen. Verspürt man Hunger, nimmt man Getreide zu sich; friert man, greift man zu Seide; alle haben dieses Wissen, selbst Kindern ist es bewusst. Alles dieses ist lebensnotwendig, auch im Krieg oder während Unruhen fehlt es nicht an diesem Wissen. Nur den Tee kennen weder die Alten noch die Kinder. Er verkörpert die Schönheit und Lieblichkeit Südchinas und versammelt den klaren Geist der Berge und Gewässer, er reinigt vom Staub der Welt und führt den Menschen zu klarer Harmonie. Alle seine Eigenschaften wie klare Reinheit, Schlichtheit, Sauberkeit, edle Anmut und Glanz passen nicht in unruhige Zeiten. Wie besonders fähige Menschen in des Himmels Gunst stehen, so auch besondere Pflanzen. In Mußestunden habe ich mich mit Tee beschäftigt und habe meine Gedanken niedergeschrieben, um meine Nachwelt den Tee schätzen zu lehren.«

Vom Teeanbau

Lage: Im Teebuch des Kaisers und anderen alten Schriften heißt es, Tee solle an Schatten geschützten Südhängen gepflanzt werden. Das Wesen des Tees ist kühl. So kühlt er auch unseren menschlichen Körper. Wenn er nicht genügend Sonne hat, schrumpfen die Blätter und werden »mager«, das Aroma wird dann dünn und schal. Er braucht Wärme, um sich zu entfalten. Man sollte die Pflanze auch nicht ihrem natürlichen Wuchs überlassen, die Blätter würden wild und unregelmäßig – das Aroma zu kräftig und ungebändigt. Daher ist leichtes Düngen geraten. Licht und Schatten sind richtig zu regulieren. Dieses gilt bis heute.

Pflanzen: Anfang März ist die beste Zeit zum Pflanzen; es ist noch relativ kühl, die Sprossen wachsen langsam und stetig, sammeln ihre Kraft und können ohne Druck treiben. So bekommen sie eine schöne Farbe und ihren besonderen Frühlingsduft. Im Sommer

Für den Teeanbau sucht man Südhänge. Eine Ausnahme ist hier zu sehen: bester »Tai Ping Hou Kui« gedeiht nur am Nordhang.

spendet die Sonne Hitze und Feuchtigkeit, die Pflanzen sind wie gedünstet. Die Sprossen öffnen sich rasch. Die Erde schiebt ihre ganze Kraft nach und die Blätter werden sehr schnell holzig.

Pflückung: Teesträucher treiben im Frühling vor allen anderen Pflanzen. Das bedeutet für den Heilkundigen, dass der Geist von Himmel und Erde sich in diesen jungen Blättern am stärksten entfaltet. Daher auch die Bezeichnung »Geistpflanze«. Der erste Frühlingstee wurde, wie wir im ersten Teil des Buches bereits berichtet haben, immer rechtzeitig zum »Gräberfegetag« Anfang April an den Kaiserhof geliefert. In einem Gedicht heißt es: »Ehe der Kaiser den Frühlingstee gekostet hat, wagt keine Pflanze zu blühen.«

Die beste Qualität heißt »Wettstreitklasse«, hier ist der kleinste Spross winzig und sehr kräftig, er sieht aus wie eine »Spatzenzunge« oder ein Reiskorn. Wenn die »Spatzenzunge« etwas aufgegangen ist, entfaltet der Spross sich zu einem »Blatt-und-einem-Spross«, und man bezeichnet ihn als »Auserlesene Blattsprosse«, in China »Fahne« genannt – der Spross gleicht der Fahnenstange, das erste Blatt einem Fähnchen. Die dritte Klasse heißt »Mittlere Sprossen« (Ein-Spross-mit-zwei-Blättern).

Ein-Spross-mit-zwei-Blättern

Maschinenernte

Um die Blätter frisch zu halten, pflückt man statt der üblichen drei Blätter (eine-Knospe-und-zwei-Blätter) vier Blätter. Das vierte Blatt wird erst bei der Herstellung aussortiert. So bleiben Spross und zwei Blätter frisch. Da diese Methode sehr aufwändig und materialintensiv ist, wird sie nur noch bei manchen edlen Teesorten angewendet. Es wird sehr streng darauf geachtet, dass nur mit den Fingerkuppen gepflückt oder gezupft wird. Auf diese Weise werden die Blattstiele nicht beschädigt und die Flüssigkeit kann gleichmäßig heraustreten. An Regen- oder wolkenverhangenen Tagen soll nicht geerntet werden, für die Qualität spielt die Sonne eine entscheidende Rolle. An Regentagen kann selbst der beste Meister keinen erstklassigen Tee herstellen.

Erhitzen und Pressen: Nachdem man die Blattsprossen oder Blätter gepflückt hat, lässt man sie eine Zeit ruhen, damit sie ihren »Schock« nach der Pflückung überwinden und sich beruhigen können. Man nennt diesen Vorgang auch »Schocküberwinden«. Wenn die Teeblätter ruhen, beginnt die Flüssigkeit langsam auszutreten. Die Schutzschicht der Zellen verschwindet allmählich. Die Fermente beginnen zu arbeiten, und die Enzyme entwickeln sich. Die Blätter nehmen Sauerstoff auf und setzen Kohlensäure frei. Je länger diese Phase andauert, umso mehr Inhaltsstoffe verliert das Blatt, es verändert sich, und der Tee wird »alt«. Je kürzer diese Phase gehalten wird, umso frischer ist er. Durch diesen Prozess der Fermentation verändern die Teeblätter Farbe, Aroma und Duft – wann und wie die Fermentation gestoppt wird, entscheidet über die Qualität des Tees. Daher ist es sehr wichtig die Fermentation exakt zu dosieren. Diesen Prozess nennt man »Erhitzen«. Hitze tötet die Fermente, so dass keine Oxidation mehr stattfinden kann.

Jede Verbindung eines chemischen Grundstoffes mit Sauerstoff ist eine Oxydation. Das bedeutet, im Teeblatt findet ein Zerstörungsprozess statt, ein Eingriff in die Urstruktur, der bei der Herstellung des Grüntees nicht geschieht, da man die Fermentation durch Erhitzen oder Dämpfen kurz nach der Pflückung stoppt. Der auf diese Weise bearbeitete Tee ist immer ein Grüntee. Wenn man das frisch geerntete Blattgut so weit fermentieren lässt, bis die Blätter ganz dunkel (ganz fermentiert) sind, heißt das Produkt Schwarztee. Lässt man das frisch geerntete Blattgut nur halb fermentieren, dann nennt man diesen Tee Wulong.

Diese Beispiele machen deutlich, dass man aus jeglicher Teepflanze jeden Tee gewinnen kann, das Ergebnis hängt von der Herstellungsweise ab.

Feuer- und Dampferhitzen: Die Methode des Dampferhitzens wird heutzutage überwiegend in Japan für naturbelassene Tees verwendet. Der Vorteil dieser Methode ist, dass der fertige Tee sehr grün bleibt, auch der Teesud wird grün, manchmal diesig. Von Nachteil ist ein Seetangaroma und dass der weiße Flaum nicht so gut sichtbar wird.

Feuererhitzen

In China wird Tee mittlerweile überwiegend mit Feuer erhitzt. Dadurch wird der Teesud klar, der Teeduft ist edel und reizvoll und der Flaum kommt im trockenen Zustand sehr gut zur Geltung. Von Nachteil ist jedoch, dass diese Herstellungsmethode sehr aufwändig und arbeitsintensiv ist.

Pressen: Richtiges Pressen oder – wie es in der Fachsprache heißt – Rollen verleiht dem Tee Glanz. Nach dem Erhitzen verbleibt immer noch Flüssigkeit in den Blättern. Durch Rollen wird diese Flüssigkeit an die Oberfläche gebracht, ein Vorgang, den jede Hausfrau vom Wäscheauswringen kennt, wenn das Wasser allmählich aus der Wäsche heraustritt.

Beim Teerollen muss darauf geachtet werden, dass die Flüssigkeit nicht zu stark aus den Blättern herausfließt, sondern nur an die Oberfläche tritt. Wenn zu viel Flüssigkeit aus den Teeblättern ausgeflossen ist, spricht man vom so genannten »Wasserverlieren«, und es leidet die Qualität.

Das Rollen erfüllt drei Funktionen. Erstens wird die spätere Teezubereitung erleichtert, da sich im Aufguss die Blätter schneller entfalten, zweitens werden die Blätter verkleinert, was die Aufbewahrung und den Transport erleichtert, und drittens werden Formen gestaltet.

Der Autor bei der Teeherstellung.

Teeprämiierung

Die hohe Qualität eines Tees zeigt sich an der intensiven Farbe und den vollen dicken Knospen oder Blättern. Nimmt man die trockenen Teeblätter in die Hand, spürt man Festigkeit und Gewicht. Lässt man Blätter auf Porzellan fallen, vernimmt man einen leisen klaren Klang.

Im Frühling eines jeden Jahres werden von landwirtschaftlichen Genossenschaften Teewettbewerbe veranstaltet. Wie zu einem Tempelfest strömen die Menschen aus allen Himmelsrichtungen herbei. Jeder Pflanzer bringt seinen eigenen Tee mit – zwölf Kilogramm sind zum Wettbewerb zugelassen.

Jedem Tee wird vom Veranstalter eine Geheimnummer zugeteilt, und dann beginnt die Prüfung. Auf kleinen Tabletts, die nebeneinander aufgereiht sind, werden Proben von jeweils drei Gramm ausgewogen. Vor jedem Tablett steht weißes Teeporzellan, das aus einer Deckeltasse und einer Trinktasse besteht. Nachdem der Verkoster oder Prüfer das Blattgut in Augenschein genommen hat, wird es in der Deckeltasse mit heißem Wasser aufgebrüht. Je nach Teesorte beträgt die Ziehzeit fünf bis sechs Minuten – danach wird in die Trinktasse umgegossen. Zunächst wird der Duft geprüft, indem man an den in der Deckeltasse verbliebenen Blättern schnuppert. Nachdem der Verkoster die ganze Reihe auf ihre Duftqualität geprüft hat, kehrt er wieder zur ersten Tasse zurück, um die Farbe zu prüfen. Wenn die Temperatur des Teesuds so weit gesunken ist, dass sie die Zunge nicht mehr »stumpf« macht, kann mit der eigentlichen Verkostung begonnen werden. Die Gutachter schlürfen den Tee und spucken ihn aus. Danach beginnt eine zweite, manchmal auch dritte Duftkontrolle, indem die Blattreste nochmals beschnuppert werden. Man unterscheidet drei Duftstadien: heißer Duft kurz nach dem Aufguss, warmer Duft, solange die Deckeltasse noch nicht ausgekühlt ist, und kalter Duft, nachdem die Deckeltasse erkaltet ist. Auf diese Weise wird die Qualität bestimmt, denn wenn beispielsweise lediglich die heißen Teeblätter Duft verströmen, kann es sich nur um eine mindere Sorte handeln.

Als Nächstes werden Form und Sorgfalt bei der Herstellung beurteilt. Die abgegossenen Blätter werden aus der Deckeltasse auf einen weißen Porzellanteller geleert, um sie einer gründlichen Prüfung zu unterziehen. Man kann am abgegossenen Blatt deutlich erkennen, ob Fermentation, Rollen und Trocknen sorgfältig genug durchgeführt wurden und ob Stiele oder gar verdorrte Blätter verwendet wurden. Eine gleichmäßige Blattform entscheidet über eine mögliche Preisvergabe.

Jeder Preis bezieht sich nur auf die abgelieferten zwölf Kilogramm. Hat aber ein Pflanzer einen Preis gewonnen, steigert das natürlich auch den Wert seiner übrigen Ernte.

Teewettbewerb:
Kosten und Betrachten der Restblätter.

Weißer Tee

Weißer Tee stammt von einer besonderen Teepflanze, die sich durch ihre breiten Zweige von den anderen unterscheidet. Die Blätter sind dünn und glänzend. Die Sträucher wachsen in Wäldern und zwischen Felsen. Diese kostbare Pflanze treibt nicht nur wenige Sprossen, aus ihnen einen Weißtee herzustellen ist auch sehr schwierig. Wenn Dampf und Feuer nicht übereinstimmen, verändert sich die Qualität vollkommen, und der Tee schmeckt wie eine ganz gewöhnliche Sorte.

Weißer Tee wurde in alter Zeit vom Kaiser so hoch geschätzt, dass Fälschungen wie »Bambussprossen nach dem Frühlingsregen« allenthalben aufkamen. Heutzutage wissen die Menschen kaum noch etwas vom kaiserlichen Weißtee. Den Namen Weißtee kennt man zwar noch, nur bezeichnet man damit ein ganz anderes Produkt. Die Blattsprossen von Teepflanzen sind immer von weißem silbrig aussehendem Flaum umhüllt. Man pflückt nur die silbrigen Sprossen und nennt sie »Silbernadeln«. Bis heute gilt: je mehr weißer Flaum, umso besser die Qualität. Man züchtet extra Sorten, die besonders große Sprossen hervorbringen, um daraus Weißtee herzustellen. Der Teesud sieht meistens rötlich aus und ist selbstverständlich von sehr guter Qualität.

Vorbereitung einer Teezeremonie

Ist man allein, wird man seinen Tee ohne allzu viel Form und Ritus genießen, aber in Gesellschaft sollte man die althergebrachten und seit Jahrhunderten als gut und richtig erprobten Formen doch beachten. Seinen Gästen wird man damit gewiss auch Freude bereiten und das gemeinsame Teetrinken zu einem harmonischen Erlebnis werden lassen. Zur Vorbereitung einer Teezeremonie benötigen wir folgende Gegenstände: 1) Kanne, 2) Teeschiff, 3) Mischkanne, 4) Schnupperbecher und Trinkschälchen, 5) Bambusschaufel (Schütte), 6) Bambuslöffel, 7) Teeuhr (verborgen im Teetuch), 8) Teetuch, 9) Wasserkocher, 10) Teetablett, 11) Teemeer.

Da Yixing-Ton bleifrei ist, bevorzugen gesundheitsbewusste Teetrinker Kännchen aus diesem besonderen Ton (1) (mehr dazu im Kapitel zum Yixing-Ton). Das Kännchen steht auf dem ebenfalls tönernen Teeschiff (2), das überlaufendes Wasser auffängt. Wasserüberlauf ist erwünscht, da dies zu einer schnelleren Patinabildung des Kännchens führt, wodurch dieses an Glanz gewinnt. Teekanne und Mischkanne (3) werden mit heißem Wasser vorgewärmt. Mit demselben Wasser wärmt man auch die Trinkschälchen (4) vor. Mit der Bambusschaufel (5) nimmt man die gewünschte Teemenge aus der Dose und gibt den Tee in die vorgewärmte Kanne. Dazu benutzt man auch den Teelöffel (6) – vorausgesetzt die Bambusschaufel ist zu groß für die Öffnung des Teekännchens. Jetzt wird die Uhr (7) gestellt, die mit einem Signalton die gewünschte Zeit angibt. Das Teemeer (11) dient als Wasserbehälter, um nicht benötigtes Wasser oder Teereste auszugießen. Alle hier aufgeführten Utensilien verwendet man, wenn Tee für mehrere Personen zubereitet werden soll.

Eine Einzelperson könnte allerdings außer ihrer Deckeltasse auch ein Bambuslöffelchen und eine kleine Teeschütte benutzen.

Auch die Teeuhr und ein kleines Tablett sind immer zu empfehlen.

Das Teetuch (8) sollte niemals fehlen, weil man es oft schnell bei der Hand haben muss, wenn Wasser oder Tee ein Tischtuch oder einen kostbaren Tisch gefährden.

Ebenso sollte ein kleines Tablett immer zur Hand sein, um den Gästen ihre Trinkschalen anzubieten.

Da es in der alten Zeit noch keine Kannen gab, diente der Wasserkocher zugleich als Kanne. Heute benutzen wir Wasserkocher und Teekanne.

Teezubereitung

Tee ist wie eine Rose,
zum Blühen gebracht und ohne Dornen,
schenkt sie unendliche Freude.

Um einen guten Tee zu bereiten, muss man folgende Dinge beachten: Teemenge, Wassermenge, Temperatur und Ziehzeit. Standardmaße hierfür sind: drei Gramm Tee, einhundertfünfzig Milliliter Wasser, fünf Minuten Ziehzeit (bei vier Gramm Tee vier Minuten). Nur die Temperatur bestimmen wir individuell. Die Tabelle gibt uns eine hilfreiche Anleitung:

	Grüntee	Wulong (halb fermentiert)				Schwarztee
Fermentation %	0 %	10–15 %	20–30 %	40–50 %	70 %	100 %
Name	Jadesprossen	Klare Reinheit	Dong Ding	Tie Guangyin	Fancy Wulong	Keemun Mao Feng
Farbe im Teesud	grün-gelb	gold-grün	gold-gelb	braun	roter Bernstein	dunkelrot
Duft	betörender Duft	Orchideenblüte	Orchideenblüte	fruchtig	starker Blütenduft	Honig
Material	Blattsprossen	Blätter	Blätter	Blätter	Blattsprossen	Blattsprossen
Form	naturkraus blattförmig Langform	naturkraus	Halbkugel	Kugel	naturkraus	gehackt oder schmal
Temperatur °C	75–80	85–90	95	95	85	90–95

Ein Merkmal für hohe Teequalität ist es, wenn nach dem Leeren der Tasse immer noch ein angenehmer Duft an ihr haftet. Natürlich gilt das nur für nicht-aromatisierte Tees. Ein weiteres Qualitätsmerkmal ist eine pelzige Reaktion um den Gaumen und ein länger anhaltender lieblicher Nachgeschmack, auch »Gaumenfreude« genannt.

Am Teetisch sind wir Aristokraten

Mehren sich die Gäste, kommt Lärm auf,
Lärm entzaubert den Genuss.

Allein trinken heißt göttlich genießen,
Zweisamkeit beim Tee macht weise.

Zu dritt oder viert heißt's schon Geselligkeit.
Fünf oder sechs – geistlos und schal.

Gar sieben und acht heißt Tee verschenken.

Xu Ci-shus Notizen über den Tee

Xu Ci-shu gibt in seinem *Cha Shu*, den »Notizen über den Tee« aus dem Jahr 1597, den Lesern folgende Ratschläge:

Die günstigen Augenblicke, Tee zu trinken

- bei seelischem und körperlichem Wohlbefinden
- wenn wir zu lange gelesen und gedichtet haben
- wenn man unruhig ist
- beim Musikhören
- nach dem Musizieren
- allein zu Hause, wenn alles Alltägliche von uns abfällt
- beim Betrachten guter Malerei und beim Zitherspiel
- bei guten Gesprächen in tiefer Nacht
- in der Hochzeitsnacht
- wenn wir in einem gepflegten Haus vor einem hellen Fenster weilen
- wenn Gast und Gastgeber in ernste Gespräche vertieft sind
- mit lieben Gästen
- mit schönen Damen
- nach der Heimkehr von einem Besuch bei Freunden
- in Sonnenschein und friedlichem Wind
- wenn der Himmel wolkenverhangen ist und ein leiser Regen herniedergeht
- in Wald und Bambushain
- zu unbekümmerten Gesprächen über Alltägliches
- im Pavillon am Lotosteich die Kühle genießend
- in einem farbigen Boot in der Nähe einer kleinen Holzbrücke
- wenn die Räucherstäbchen brennen
- wenn nach einem Festmahl die Gäste gegangen sind
- wenn die Kinder in der Schule sind
- bei Besuchen in idyllisch gelegenen Tempeln
- an berühmten Quellen weilend und im Anblick von bizarrem Felsgestein

Die ungünstigen Augenblicke

- bei der Arbeit
- beim Besuch im Theater
- beim Briefeschreiben
- bei heftigem Schneefall oder starkem Regen
- bei großen Gelagen in zahlreicher Gesellschaft
- beim Lesen und Studieren
- wenn man unter Druck und Zwang steht
- beim Gegenteil aller günstigen Augenblicke

Was man bei der Zubereitung vermeiden soll

- schlechtes Wasser
- minderwertiges Teeservice
- Kupfer- und Messinglöffel und ebensolche Wasserkocher
- Wasser, das sich in einem hölzernen Fass befindet
- Brennholz in der Nähe
- weiche Holzkohle
- die Gegenwart launischer Diener
- die Gegenwart einer unhöflichen Haushälterin
- der Anblick eines schmutzigen Teetuches
- Früchte und Duftstoffe

Aromatisieren und Veredeln

Teeblätter haben zahllose kleine Poren durch die sie Feuchtigkeit und Düfte von Blütenbeigaben mühelos aufnehmen. Je trockener das Blattgut ist, umso leichter nimmt es die Düfte an. Blätter, die nur drei bis fünf Prozent Feuchtigkeit enthalten, nehmen mehr Duft an, als solche mit sieben bis neun Prozent Feuchtigkeit. Enthalten Teeblätter achtzehn bis zwanzig Prozent Feuchtigkeit, nehmen sie kaum noch das Aroma anderer Blüten an. Man sollte also die Feuchtigkeit im Teeblatt auf drei Prozent reduzieren, bevor man mit der Aromatisierung beginnt.

Frische Blüten enthalten etwa zwölf bis sechzehn Prozent Feuchtigkeit. Nachdem man die Blüten mit den Teeblättern gemischt hat, müssen sie nochmals getrocknet werden, damit die Feuchtigkeit reduziert wird. Befolgt man diese Regel nicht, verlieren die Blätter ihre Saugkraft und es entsteht ein Wasserstau – ein fauliger Geruch breitet sich aus, der die Qualität stark beeinflusst. Alle duftenden, nicht gesundheitsschädlichen frischen Blüten lassen sich mit fertigem Tee mischen.

Der Beutel im Jasminbusch

Ein Literat traf sich mit Freunden in einem Garten. Jeder hatte seinen Tee mitgebracht, um ihn an der kleinen Quelle, deren Wasser zur Teebereitung besonders gut geeignet war, aufzugießen und den Freunden zu kredenzen. Unser Literat hängte derweil seinen im Beutel mitgebrachten Tee in einen Jasminbusch. Später, als die Reihe an ihm war, seine Fähigkeit zu beweisen, und er mit der Vorbereitung begann, waren alle höchst erstaunt über einen überraschend starken Jasminduft, der dem Beutel entströmte. Der Tee wurde aufgegossen und immer noch war nicht nur der Jasminduft stark, der Tee hatte den Duft ganz in sein Aroma aufgenommen. Seitdem ist es Brauch, Tee mit Jasmin zu aromatisieren. Der Jasmintee war geboren. Das geschah in der Song-Zeit.

Kalligraphie von Vera Niefer: Blume

Jasmintee

Die frischen, noch knospigen Jasminblüten duften am stärksten und ihr Duft hält sehr lange an. Daher sind sie zum Aromatisieren besonders gut geeignet. Ist der Jasmin schon voll aufgeblüht, duftet er kaum noch. Die Blüten geben einer Teemischung zwar mehr Gewicht, aber wenig Duft.

Wenn Tee nur einmal mit Jasminblüten gemischt wurde und man die Blüten nicht wieder entfernt, bevor der Tee in den Handel kommt, handelt es sich um einen gewöhnlichen Jasmintee. Wenn viele braune, großblumige Blüten in diesem Tee zu finden sind, ist das ein untrügliches Zeichen für mindere Qualität. Edle Sorten werden auf bedeutend aufwändigere Weise hergestellt: Man lässt die erste Schüttung Jasminblüten so lange im Tee, bis ihr Duft verströmt ist, dann werden Tee und Blüten durch ein Sieb getrennt. Das wird wenigstens zwei Mal wiederholt, um eine edle Qualität zu erreichen. Natürlich lässt sich dieser Prozess auch noch steigern. Zur Herstellung der hochwertigen Jasmintees wird in China der hier beschriebene Prozess bis zu sieben Mal wiederholt. Am Ende lässt man nur wenige Blüten im Tee – als Symbole der Güte. Beim Einkauf von Jasmintee sollte man also immer darauf achten, dass er nicht allzu viele Blüten enthält.

Um Teeblätter zu mehr Saugfähigkeit zu aktivieren, verwendet man leicht fermentierte und teilweise zerhackte Teeblätter, so können die Blätter in kurzer Zeit mehr Blütenduft aufsaugen. Zur Herstellung eines gewöhnlichen Jasmintees verwendet man auf hundert Kilogramm Tee fünfundzwanzig Kilogramm Blüten; bei edlen Sorten ist das Verhältnis sogar eins zu eins. Nach dem edlen Aromatisieren werden die ausgelaugten Blüten wieder gesammelt und für minderwertige Teesorten verwendet. Die frischen Blüten sind weiß, die ausgelaugten bräunlich.

Durch langes Lagern leidet die Qualität des Tees, er verliert Aroma, Farbe und auch Inhaltsstoffe. Um dies auszugleichen aromatisiert man den Tee.

Wie der Lotosblütentee entstand

Im Jahre 1271 begründete der mongolische Herrscher Kublai Chan die Yuan-Dynastie. Die Künste wurden nicht mehr gefördert. Künstler und Literaten fühlten sich sehr bald fremd im eigenen Land, ihr Leben erschien ihnen leer und sinnlos; den fremden Herrschern versagten sie ihre Dienste. Viele zogen sich aus der Gesellschaft zurück und gingen in die Einsamkeit. Einer der bekanntesten Maler jener Zeit war Ni Zan (1301–1374). Er nannte sich »Fauler Zan« oder »Wolkenhain«. Aus wohlhabender Familie stammend, verteilte er sein ganzes Vermögen an Verwandte und begab sich auf Wanderschaft. Er lebte mit Bauern und Fischern, und so schlicht er sein Leben gestaltete, so schlicht waren seine Bilder. Keiner hat seinen Stil nachahmen können. Auf die Frage, warum man nie Menschen in seinen Bildern sah, antwortete Ni Zan: »Wo gibt es noch Menschen in unserer Zeit?«

Ni Zan war ein Teegenießer und er liebte die Lotosblumen so sehr, dass er eine Methode erfand, sich seinen Tee zu aromatisieren. Vor Sonnenaufgang öffnete er die noch nicht erblühte Lotosknospe, füllte sie mit fein zerhacktem Tee und verschloss sie wieder mit einem Jute- oder Seidenfaden. Nachdem ein Tag und eine Nacht vergangen waren, pflückte er die Blütenknospe, öffnete sie und leerte den stark duftenden Tee auf ein feines Papier. Da der Tee nicht nur den Duft der Blüte aufgesogen hatte, sondern auch ihre Feuchtigkeit, musste er noch einmal auf einem leichten Feuer nachtrocknen. Diesen ganzen, geradezu verschwenderischen Prozess muss man mehrmals wiederholen, um den einzigartigen Lotosduft zu erzielen. Das lehrte uns der große Ni Zan, der feinsinnige Genießer.

Tee klärt meinen Geist.

Die Kanne erfreut mein Herz.

Kalligraphie von Xue Sui

茶韻清心
壺態怡神

Die Eltern des Tees: Kanne und Wasser

Das Wasser ist die Mutter, die Kanne der Vater des Tees. Erst wenn Mutter und Vater »gesund« sind, kommt das »Teekind« gesund zur Welt.

»Reichtum zu verkaufen!« Wie die berühmte Tonerde von Yixing entdeckt wurde

Es kam einmal ein fremder Mönch in die Stadt, ging wie ein Marktschreier durch die Gassen und rief: »Verkaufe Reichtum und Ehren, verkaufe Reichtum und Würde, wer möchte sie kaufen?« Alle Menschen lachten, bis die ganze Stadt von ihrem Gelächter widerhallte. Der Mönch ließ sich nicht beirren, ging weiter die Straßen auf und ab und rief nun: »Gut, Würde wollt ihr nicht, Ehren wollt ihr nicht, dann verkaufe ich euch Reichtum allein.« Er deutete auf den nahen Berg am Stadtrand, verschwand und ward nie mehr gesehen. Die Bürger begannen, in den Hügeln zu graben, und staunten über die vielfarbige Erde, die sie hervorbrachten: gelb, himmelblau und braun war der Ton, ja gar birnenschalenfarben – wer hatte je von solchen Erdfarben gehört? Wie bunt gewebte Seide sah die Erde aus. Sie begannen, den Ton zu verarbeiten, und nannten ihre Stadt nun »Keramik-Stadt«. Das geschah in Yixing, der Stadt, die bis in unsere Tage das Mekka der Teetrinker aus aller Welt ist. Ein Teekännchen eines Meisters aus Yixing zu besitzen gehört zu ihren wahren Freuden.

Yixing ist auch eine der beiden ersten Städte, die dem Kaiserhof Tributtee lieferte, zu einer Zeit, als man Tee noch in einem Topf kochte. Erst während der Ming-Dynastie begann man, Tee in einer Kanne aufzubrühen. In Yixing trank man übrigens nicht aus Schälchen oder Gläsern, sondern aus den Kännchen selbst, die, klein und zierlich, gleichsam als Handschmeichler sehr beliebt waren und heute noch sind – besonders an kalten Wintertagen. Und praktisch ist das auch, denn man benötigt nur dieses eine Gerät. Klein sollten die Kännchen schon immer sein; in großen Teekannen verfliegt der kostbare Duft, wie wir bereits erwähnt haben, allzu schnell. So werden die zierlichen, winzigen Yixing-Teekännchen von Kennern und Teeliebhabern gesammelt und hoch geschätzt.

Der Gold-Sand-Mönch

Im berühmten Gold-Sand-Kloster, südöstlich von Yixing, lebte einst ein Mönch. Man nannte ihn »Gold-Sand-Mönch«. Lange bevor Yixing als Keramik-Stadt durch die kleinen Kännchen bekannt wurde, hatte der Gold-Sand-Mönch mit Ton zu arbeiten begonnen. Eine Drehscheibe kannte man damals noch nicht. Der Mönch schuf verzierte Griffe, Kannenschnäbel und Deckel und machte sich die hübschesten Teekännchen für seinen eigenen Bedarf. Jedermann kannte ihn und bewunderte seine Fertigkeit. Eines Tages kam ein Gelehrter mit seinem »Bücherknaben« in das Gold-Sand-Kloster. Bücherknaben nannte man die jungen Diener der Gelehrten.

Der Gelehrte meditierte und studierte die Heiligen Schriften, und der Bücherknabe lernte beim Gold-Sand-Mönch, Ton zu kneten. Bald schon konnte man bemerken, dass er recht gelehrig war. Im Kloster gab es einen Ginkgobaum. Der Baum war sehr alt, krumm und schief, und seine Rinde war voller tiefer, rauher Falten. In seiner ganzen alten Hässlichkeit stand er da, und dennoch ging ein seltsamer Reiz von ihm aus. Auch der Bücherknabe bemerkte

Teekannen aus Yixing.
Es gibt drei Gattungen von Kännchenformen.
Erstens runde, ovale, kegelförmige, quadratische und eckige Formen -
ein bekanntes Beispiel ist die »Wasserwaage Kanne«. Wenn man diese Kanne
in eine Schale mit Wasser stellt, schwimmt sie waagerecht auf dem Wasser.
Der Tonmeister muss bei der Herstellung darauf achten,
dass für Schnabel und Henkel die gleiche Menge Ton verwendet wird.
Zweitens die phantasievollen Früchte- oder Blütenformen mit viel schmücken-
dem Dekor und drittens Nachahmungen der Natur wie Zweige,
Blüten, Früchte und Tiere.

die Besonderheit des Ginkgobaumes. Er begann, die Rindenstruktur nachzubilden und auf ein Teekännchen zu übertragen. Der Gold-Sand-Mönch sah die Arbeit des Knaben, war zutiefst überrascht von dessen Fähigkeit und begann ihn zu unterrichten. So hat sich der Bücherknabe in Yixing einen Namen gemacht – er hieß Gong Chun.

Über die Eigenart des Yixing-Tons weiß man heute dank intensiver Forschung sehr viel. Yixing-Ton besteht aus drei Hauptfarben: Lila, Grün und Rot (wenn es in chinesischen Texten »Lila-Sand« heißt, ist immer ein braunroter Ton gemeint). Da die meisten Produkte lilafarben sind und ihre Oberfläche eine sandige Struktur hat, nennt man sie allgemein auch Lila-Sand. Aus den drei genannten Farben können zahlreiche weitere Tönungen erzielt werden: lilarot, dunkelrot, kastanienbraun, birnenschalenfarben, päonienrot, hellblau, blaugrau, dunkelgrün und blauschwarz.

Die Lila-Sand-Adern sind eingebettet in die normale Tonerde und in Gestein. Man nennt sie daher »Ton aus dem Gestein« oder »Ton aus der Erde«. Nur ein Prozent der ausgehobenen Tonerde ist Lila-Sand. Um also eine Tonne Lila-Sand zu bekommen, muss man hundert Tonnen Erde schaufeln. Das lässt erkennen, wie kostbar dieser Lila-Sand ist – durchaus vergleichbar mit der mühsam gewonnenen Ausbeute der Goldgräber. Was für ein Aufwand, kaum mit Gold zu bezahlen! Gut zu wissen, dass die übrige Tonerde für andere alltägliche Gegenstände verwendet werden kann.

Lila-Sand hat folgende Eigenschaften:

1. Lila-Sand ist leicht mit Wasser zu mischen, und er ist »gehorsam«, das heißt leicht zu formen und griffig für die Bearbeitung. Das bedeutet auch, dass eine längere Bearbeitung möglich ist. Man braucht nicht unbedingt binnen eines Tages ein Modell fertig zu modellieren. Man kann es in einem Topf aufbewahren und weitere Tage daran arbeiten. Ein guter Handwerker kann täglich mehr als zehn Kännchen der Standardklasse modellieren, aber für ein Meisterstück braucht er allein zehn bis fünfzehn Tage und mehr. Dank der Eigenschaften des Yixing-Tons kann ein Meister sich für sein

Werk Zeit lassen. In schöpferischen Pausen stellt er das begonnene Stück auf einen Holzständer in einem mit etwas Wasser gefüllten Topf und deckt es mit einer Folie und einem Holzbrett ab.

Besonders in der alten Zeit gingen die Meister sehr geheimnisvoll mit ihren Schöpfungen um. Wann immer ein Gast nahte, vor allem, wenn es sich um einen Kollegen handelte, verschwand das begonnene Kännchen augenblicklich in einem Topf, wurde mit Wasser besprüht, zugedeckt und versteckt.

2. Die Oberfläche der Yixing-Kännchen sieht aus wie grober Sand – wenn man mit dem Finger leicht über sie streicht, spürt man das deutlich. Die Kännchen sind aber so dicht, dass noch nicht einmal Kondenswasser entsteht. Gleichwohl sind sie aber so locker in ihrer Struktur, dass der Ton doch atmet. Das zeigt sich, wenn man mit kochendem Wasser aufbrüht – das Kännchen sieht aus, als ob es schwitzt, und beginnt zu glänzen. Mit der Zeit entsteht eine Art Patina, und die grobsandige Struktur verschwindet mehr und mehr. Normaler Ton ist körnig. Lila-Sand hat eine schuppige Struktur, was bedeutet, dass der Schrumpfungsgrad beim Brennen mit etwa zehn Prozent sehr gering ist und damit eine sehr präzise Arbeit möglich macht. Deckel von viereckiger Form und mit bis zu 36 oder gar 72 Rillen können so dicht gearbeitet werden, dass sie ganz fest schließen.

3. Eine Lila-Sand-Kanne ist so dicht, dass sie keine Glasur braucht. Sie ist nur zwei Prozent wasser- und fünf Prozent luftdurchlässig. So wird ihr äußerer Glanz immer schöner, je länger man sie benutzt.

4. Yixing-Kannen werden mit sehr hoher Temperatur (1100–1200 °C) gebrannt, die ideale Temperatur liegt bei 1170 °C. Der Ton hat keinen Erdgeruch, so dass die Qualität des Tees nicht beeinträchtigt wird.

In ganz China findet man nur in Yixing diesen Ton, und auch das macht ihn so berühmt. In anderen Gebieten hat man diesen hochwertigen Ton bisher vergebens gesucht.

Wir haben Rohton aus Yixing im Forschungslabor der »Staatlichen Museen Preußischer Kulturbesitz« untersuchen lassen. In der Expertise heißt es: »Bei dem Ton handelt es sich um ein Material, bei dem der hohe Anteil an Kaolin neben dem in Keramiken immer vorhandenen Quarz auffällt. Auch der Hämatitanteil ist im Vergleich zu anderen Tonen relativ hoch. Die gelbe Engobe besteht aus einem gelben Eisenoxidhydrat, dem Mineral Coethit. Blei ist weder im Ton noch in der gelben Engobe enthalten.«

Als uns alle genannten Eigenschaften der Yixing-Kännchen bekannt waren, haben wir selber ein »Experiment« durchgeführt: Nachdem wir etwa zwei Drittel einer Flasche Rotwein geleert hatten, füllten wir den restlichen Wein in verschiedene Gefäße. Einen Teil in eine Porzellankanne, einen Teil in eine gewöhnliche Tonkanne und schließlich auch etwas in ein Yixing-Kännchen. Einen Rest ließen wir in der Flasche. Die Kannen wurden mit ihren Deckeln, die Weinflasche mit ihrem Korken verschlossen.

Nach 24 Stunden machten wir die erste Probe: Der Wein in der Porzellan- und der Tonkanne schmeckte überhaupt nicht mehr, wohl aber hatte der in der Flasche und auch der in dem Yixing-Kännchen durchaus noch ein annehmbares Aroma. Ergebnis am folgenden Tag: Der Wein in beiden Gefäßen war schal. Aber dann kam die Überraschung. Am dritten Tag schmeckte der Rest im Yixing-Kännchen zwar schal, aber noch wesentlich besser als der in der Flasche.

Die Herzquelle des Yangzi

In dem Buch »Notizen zur Teezubereitung« von Zhang You-xin ist überliefert, dass man in der Tang-Dynastie das beste Teewasser aus dem Yangzi holte, und zwar nur aus einem bestimmten Abschnitt in der Höhe der Ortschaft Nanlin. Das Wasser sollte unbedingt aus der Mitte des Flusses geschöpft werden.

Zur Regierungszeit des Kaisers Dai Zhong (762–766) kam eines Tages ein General an den Jangzi. Er befahl seinen Soldaten, sich nach Nanlin in Marsch zu setzen und Teewasser aus der Mitte des

Flusses zu holen. Die Soldaten führten den Befehl aus, brachten das kostbare Teewasser, und der General sagte zu Lu Yü, der zu jener Zeit als Teemeister ebenfalls dort weilte: »Welch ein glückliches Zusammentreffen. Der berühmteste Teemeister Chinas ist hier, und wir haben das beste Teewasser, das im ganzen Reich zu finden ist. Wir schätzen uns glücklich, nun den besten Tee genießen zu können.«

Aber was dann geschah, klingt wie ein Märchen. Lu Yü kostete das Wasser und sagte, es sei nicht aus der Mitte des Flusses, sondern wohl eher am Ufer geschöpft worden. Der General, der glaubte, Lu Yü wolle sich einen Scherz erlauben, sagte, das könne nicht sein, denn auf seine Soldaten könne er sich verlassen. Und jene befragt, wiederholten, sie hätten das Wasser befehlsgemäß aus der Mitte des Flusses gebracht. Was nun folgte, versetzte die gesamte Hofgesellschaft in allergrößtes Erstaunen: Lu Yü goss die Hälfte des Wassers ab, kostete noch einmal und sagte: »Nun haben wir das gute Wasser aus der Mitte des Flusses.« Die Soldaten erblassten, denn sie fürchteten ihre Bestrafung. Zögernd bekannten sie, dass alles, was Lu Yü soeben gesagt habe, der Wahrheit entspreche. Sie hatten den Befehl ihres Generals tatsächlich ausgeführt und mit einem Boot Wasser von der Mitte des Flusses geholt. Aber als sie das Ufer erreichten, bemerkten sie, dass die Hälfte übergelaufen war, und füllten mit Wasser vom Ufer ihr Gefäß auf. Einmal mehr hatte sich Lu Yüs Meisterschaft gezeigt.

Die kaiserliche Wasserwaage

Eine Erfindung des Qing-Kaisers Qian Long versetzt uns noch heute in Erstaunen, fügt sie doch der an sich schon großen Zahl chinesischer Erfindungen noch eine weitere hinzu. Der Kaiser ließ nach seinen Vorgaben eine silberne Waage anfertigen, mit der man das spezifische Gewicht des Wassers messen konnte. Sodann ließ er Wasser aus verschiedenen Quellen herbeischaffen und eine Liste der Messergebnisse erstellen. Diese Liste ist noch heute erhalten: Das

Wasser der »Jadequelle« am Hof wiegt ein Lian (ein Lian entspricht 37,5 Gramm); Wasser der »Yi-Shun-Quelle« wiegt ebenfalls ein Lian; Wasser der »Perlenquelle« in Ji Nan wiegt 1,2 Lian, Wasser der »Goldener-Berg-Quelle« 1,3 Lian. Das Wasser der berühmten »Hui-Shan-« und das aus »Tiger-Rennen-Quelle« schließlich wiegt 1,4 Lian. Je leichter das Wasser, umso besser ist es für Tee geeignet. »Nur ein Wasser gibt es unter dem Himmel, das leichter ist als das der Jadequelle, und das ist Schneewasser. Wir haben es gesammelt und gekocht – es wiegt nur 0,7 Lian. Da man Schnee nicht zu allen Jahreszeiten haben kann, ernenne ich hiermit die Jade-Quelle zur besten Quelle meines Reiches. Soweit des Kaisers Liste.«

Kommt man zur Jadequelle, findet man dort noch heute die Tafel mit Kaiser Qian Longs Inschrift: »Die erste Quelle unter dem Himmel.«

Als Qian Long bekannt gab, dass er zurücktreten wolle, um endlich Muße zu finden, sich ganz dem Teegenuss hinzugeben, was ihm bei den vielen Staatsgeschäften immer verwehrt gewesen war, bemerkte einer seiner Höflinge, der Staat könne wahrlich nicht einen Tag ohne Kaiser sein. Darauf erwiderte Qian Long: »Und der Kaiser mag nicht mehr einen Tag ohne die nötige Muße für seinen Tee sein.«

In dem in viele Sprachen übersetzten Roman »Der Traum der Roten Kammer« *(Hung Lo Mong)*, der zur Regierungszeit Qian Longs entstand, heißt es: »Miao Yü sammelte Schneewasser von den Blütenzweigen des Pflaumenbaumes und vergrub den gefüllten Porzellantopf tief in der Erde. Fünf Jahre später bereitete sie aus diesem Schneewasser einen Tee. Alle waren überrascht; auch Bao Yü kostete von dem Tee und lobte das feine Aroma. Noch nie hatte er einen derart klaren, edlen Tee getrunken.«

Der listenreiche Dichter

Von dem großen Dichter, Su Dong-po, der besonders gerne Tributtee trank, erzählte man, er habe stets das Wasser aus der »Jade-Mädchen-Quelle« holen lassen. Diese Quelle liegt in einem Klostergelände. Der Mönch Zhi Jing, der in diesem Kloster lebte, war Su Dong-pos guter Freund.

Wenn der Dichter auch guten Tee in seinem Hause länger lagerte, so musste doch das Wasser von seinem Diener täglich frisch aus der Quelle geholt werden. Die Quelle befand sich allerdings einige Kilometer entfernt von des Dichters Haus, was dem trägen Diener sehr lästig war. Häufig holte er das Wasser aus einem nahen Bach oder aus anderen nahen Quellen. Su Dong-po hatte längst bemerkt, dass sein Teewasser nicht immer von gleicher Güte war und der Diener stets auffallend schnell wieder heimkehrte. So kam er auf die Idee, zwei ungleiche Bambusstücke zu schneiden, von denen er eines behielt und das andere seinem Freund Zhi Jing gab. Jedes Mal musste von nun an der Diener das eine Stück dem Mönch übergeben und das andere zurückbringen. So wurde der faule Diener überlistet und der Unmut seines Herren überwunden.

Wasser ist des klaren Windes guter Freund,

Tee beglückt das Herz des Stille Suchenden.

Kalligraphie von Hu Hsiang-fan: Der Stille Suchende

Wie der Tee zu seinem Namen kommt

Namen sollen uns helfen, Dinge zu erkennen oder zu verstehen. Aber wenn man eine lange Namenliste mit unbekannten Teenamen vor sich hat, so mag das mehr verwirren, als zum Verständnis beitragen. Jeder Hersteller kann seinem Tee einen beliebigen Namen geben, je nach Form, Farbe, Duft, Erntezeit und Herkunftsort.

Überraschender Duft

Einst kamen zur Erntezeit viele Mädchen zur Teeplantage, um beim Pflücken zu helfen. Es war eine gute Ernte. Alle hatten ihre Körbe schon gefüllt, aber es gab immer noch viel Blattgut an den Sträuchern. So füllten sie die zarten Sprösslinge in ihre Blusen. Durch die Körperwärme wurden die Sprösslinge erhitzt. Plötzlich entstieg ihren Blusen ein besonderer Duft. Die Pflückerinnen erschraken. So gab man diesem Tee den Namen »Überraschender Duft«.

Der gute Ruf von »Überraschender Duft« verbreitete sich schnell und kam auch Kaiser Kang Xi zu Ohren. Der kostete und lobte den Tee, nur mit dem Namen war er nicht einverstanden. Die Majestät persönlich taufte den Tee um auf den Namen »Grüne-Muscheln-im-Frühling« (Bi-Lo-Chun). Bi bedeutet Grün; Lo – Muscheln; Chun – Frühling. Das geschah im Jahre 1699. Die Farbe des Tees ist grün, er sieht muschelförmig aus und wird im Frühling geerntet.

Die Geschichte des Bi Lo Chün zeigt, dass es für die Namensgebung keine festen Regeln gibt.

In frühen Zeiten, als Tee nur gegessen wurde, hieß er »Bitteres Gemüse«. Erst seitdem Lu Yü den Begriff »Cha« für Tee eingeführt hat, steht der Name fest. Der wachsenden Zahl von Teesorten gab man viele verschiedene Namen. Zum Beispiel solche, die nach ihrer Form benannt sind wie »Perlen-Tee« oder »Augenbrauen-Tee«.

»Perlen-Tee« ist im Westen als »Gunpowder« bekannt. Dieser Name geht auf die Truppen der Kolonialmächte zurück, die im 19. Jahrhundert in China stationiert waren. Dort tranken die Soldaten einen Tee, dessen Blätter zu kleinen Kügelchen geformt sind – daher der chinesische Name »Perlen-Tee«. Die Soldaten hingegen fühlten sich von der Kugelform an ihr »Handwerk« erinnert. Sie sahen in den Teeperlen das Schrot ihrer Gewehre, und da sie – natürlich des Chinesischen nicht kundig – den einheimischen Namen nicht verstanden, nannten sie den Tee »Gunpowder«. Dieser Name ist bis heute außerhalb Chinas erhalten geblieben.

Andere Teesorten wie »Liuan Gua Pian« (Melonenkern von Liuan), »Lila Sprossen von Guzhu«, »Junshan Silber-Nadel« und »Anhui-Kiefer-Nadel« sind nach Herkunftsort und Form benannt. Auch Gebirge und Flüsse, an denen die Teepflanzen gedeihen, wurden zu Namensgebern. So entstanden Namen wie »Westsee-Drachen-Brunnen«, »Gelb-Berg-Flaumspitze«, »Lushan-Wolken-und-Nebel«. Gut bekannt sind Namen wie Grün-, Gelb- und Rottee, die sich aus der Farbe des Teesuds ableiten. Auch Farben, Formen, Düfte und Pflanzen inspirierten zur Namensgebung: »Silber-Gipfel«; »Silber-Sprossen«, »Jade-Nadeln«, »Schnee-Sprossen«, »Orchideenblütentee«, »Jasminblütentee«, »Lotosblütentee«. Der Erntezeit entsprechend gibt es Namen wie Frühlings-, Sommer-, Herbst- oder Wintertee.

Damit die Namen besser verstanden werden können, seien hier noch einige chinesische Bezeichnungen erläutert: »Grüne Päonien« sind aus Blattsprösslingen zu kleinen Kränzchen gebunden. Die zarten Blättchen gehen im Aufguss wie Chrysanthemen oder Päonien auf, weshalb man diese Form »Grüne Päonie« nennt. »Wolkenspitzen«: Die Teeplantage, von der dieser Tee stammt, liegt sehr hoch im Gebirge, wo Wolken vorüberziehen und Nebel wallen. Spitze bedeutet sowohl Bergspitze als auch die Spitzen von Teeblättern. Dieser Tee gehört ebenfalls zu den Grünen Tees. »Klare Reinheit« ist ein grüner Wulong-Tee. Die Blätter sind grün; das Aroma ist zart und duftend; die Teefarbe klar und gelbgrün. Daher nennt man ihn »Klare Reinheit«. »Weißer Flaum«: Die zartesten Blattknospen sind immer von weißem Flaum umhüllt. Ihre Form ist spitz. Weißer Flaum sieht im übertragenen Sinne aus wie Schnee, Silber oder weiße Jade. Blattknospen bedeuten im übertragenen Sinne spitze Berggipfel oder Nadeln. Grüner Schnee bedeutet, dass der Tee viel weißen Flaum hat.

Mao Feng: Mao = flaumig; Feng = Berggipfel.

Mao Jian: Mao = flaumig; Jian = Teespitze.

Yin Hao: Yin = silbrig; Hao = spitzhaarig und winzig klein.

Klare Reinheit

Wolkenspitze

Teekauf und Kannenpflege

Wir haben bereits erfahren, in welcher Weise die Herstellung die Teequalität verändert. Je weniger er bearbeitet wird, umso frischer ist der Tee. Je mehr er fermentiert, umso mehr Inhaltsstoffe verliert er, schmeckt dafür aber freundlicher. Je loser die Blattform, umso leichter entfaltet sich der Tee. Mit diesem doch schon recht fundierten Wissen können wir uns daranmachen, Tee einzukaufen.

Wenn Namen wie Grüntee, Schwarztee oder Wulong-Tee genannt werden, handelt es sich um gewöhnliche Sorten. Erst wenn ein Tee besonders gut gelungen ist, gibt man ihm einen speziellen Namen. Wir kennen die wohlklingenden Namen Grüner Tees wie »Long Jing«, »Lu An Gua Pian«, »Tai Ping Hou Kui«, »Huang Shan Mao Feng«, »Jadesprossen« und auch die berühmten Wulong-Sorten »Klare Reinheit«, »Dong Ding« und »Tieh Guan Yin«.

Sucht man naturnahen, zarten und knospenfrischen Tee, sollte man grünen Tee oder leicht fermentierten Wulong wie zum Beispiel »Klare Reinheit« wählen. Ist der Grüne zu jung und anregend, wählt man Tee mit stark gerolltem Blatt, zum Beispiel mittel bis stark fermentierten »Wulong«, »Dongding«, »Herbstgold« und »Tieh Guan Yin«. Hat man eine größere Gästezahl zu bewirten, wählt man Jasmintee, weil die Zubereitung weniger aufwändig ist. Stellen sich Verdauungsprobleme ein, trinkt man schwarzen Tee oder »Fancy Wulong«. Einem empfindlichen Magen ist der stark gerollte, dunkle Wulong bekömmlicher, weil er durch mehrere Wärmeprozesse an »Freundlichkeit« gewonnen hat. Der Genussmensch wird nicht lange wählen – er kennt die »Perle des Tees«.

Tee regt generell an. Daher ist er ein gutes Getränk für den Tag, fürs Büro und allgemein für die Arbeitszeit. Allen, die nach Grünteegenuss eine schlaflose Nacht befürchten, empfehlen wir aus eigener Erfahrung einen Wulong-Tee, der sogar beruhigt. Viele der von uns befragten Teetrinker konnten diese Erfahrung bestätigen.

Selbst wenn man alles bedacht hat, kann der Teekauf immer noch misslingen, denn auch die Lagerdauer ist für die Qualität von entscheidender Bedeutung. Auch der beste Tee verliert mit der Zeit an Aroma und Duft. Die sicherste Methode für einen gelungenen Einkauf ist, vom Verkäufer eine Kostprobe zu erbitten, aber welcher Teehändler kann sich einen so kundenfreundlichen Dienst noch leisten, der in der Regel eine Platz- und auch Personalfrage ist? Am besten kauft man die kleinstmögliche Menge und probiert zu Hause. Das ist die sicherste Methode, den richtigen Tee herauszufinden.

Worauf man beim Kannenkauf achten soll

Kannen aus minderwertigem Ton haben einen Erdgeruch, der den Teeduft und das Aroma stört. Der Tee soll nach Tee schmecken, aber nicht nach Ton. Der Ton soll dicht gebrannt sein. Je höher die Brenntemperatur ist, umso dichter ist auch der Ton. Wie kann man unterscheiden, ob eine Kanne mit hoher oder niedriger Temperatur gebrannt wurde? Dafür gibt es eine einfache Regel: Man nimmt den Deckel ab und klopft an die Kanne. Je höher der Klang ist, desto dichter ist der Ton. Minderwertige Kannen klingen tief und dumpf. Der Deckel soll die Kanne dicht abschließen.

Wichtig ist auch der Wasserfluss, das Wasser muss einwandfrei abfließen. Das betrifft nicht nur den Kannenschnabel, sondern auch die innere und äußere Öffnung. Wenn die innere Öffnung nicht gut gearbeitet ist, wird sie häufig von Teeblättern verstopft. Wenn die äußere Öffnung, das heißt der Schnabel nicht gut gearbeitet ist, tropft die Kanne.

Wir sagen: »Eine Kanne soll klingen.« Vergleichbar meiner Geige, die umso schöner klingt, je länger ich sie spiele. Je öfter ich meine Teekanne benutze, umso schöner wird ihr Glanz – die Kanne atmet, sie lebt.

Außer Tonkannen gibt es Porzellan-, Metall- und Glaskannen. Die Porzellankannen sind immer mit Glasur überzogen, daher sehr dicht. Sie atmen nicht. Solche Kannen sind besser geeignet für Teesorten, die einen besonderen Duft haben. Da die Glasur die Kanne so dicht macht, dass die Luft nur nach oben drängen kann, eignen sich solche Kannen eher für aromatisierten Tee.

Tonkannen sind besser geeignet für Teesorten, die stark aromabetont sind. Da Tonkannen die Hitze ableiten können, wird der Geschmack ausgeglichen und nicht so »beißend« sein. Das gilt für Wulong oder alten Tee.

Edelstahl ist auch ein gutes Material für Teekannen. Silberkannen sind bei Teetrinkern sehr beliebt, denn Silber ist dicht und leitet Wärme ab. Zu eisernen Teekannen raten wir nicht, denn Eisen kann den Teegeschmack völlig verderben.

Wenn die Blattsprossen sehr ebenmäßig sind, dann sollte ihre Schönheit auch gezeigt werden. In diesem Fall ist eine Glaskanne oder Deckeltasse aus Glas oder Porzellan besser geeignet als alle anderen. Durch Glas können wir beobachten, wie die Blättchen sich im Wasser entfalten, und das Auf und Ab der kleinen Sprossen wie einen lustigen »Teeblättertanz« genießen.

Wenn eine Teesorte eher mit hoher Wassertemperatur aufgegossen werden muss, sollte man eine Kanne wählen, die einen kleinen Deckel hat. Je kleiner die Deckelöffnung, umso länger hält die Kanne die Temperatur. Verlangt die Teesorte eine niedrigere Temperatur, ist eine Kanne mit größerer Öffnung besser geeignet. Die größere Öffnung lässt mehr Hitze ausströmen und die Temperatur entsprechend schneller sinken. Porzellan und Glas geben den Teesud farbgetreu wieder. Alte Yixing-Kännchen verleihen dem Aroma eine weiche Nuance, die keine andere Tasse oder Kanne aufzuweisen hat. Das lehrt jahrhundertealte Erfahrung.

Kannenpflege

Wichtigste Voraussetzung für die Kannenpflege ist die Tonqualität. Wenn man eine neue Kanne erworben hat, sollte man zunächst einen Tee von minderer Qualität zur Hand haben. Man stellt die Kanne in den Teesud und lässt sie einige Minuten lang darin mitkochen. Auf diese Weise bekommt die Kanne einen schöneren Glanz und verliert ihren Tongeruch. Je geringer die Tonqualität ist, umso länger muss die Kanne köcheln.

Nach der Benutzung sollte man die Kanne nicht mit einem Putzmittel reinigen, sondern nur mit Wasser ausspülen und die Außenseite mit einem weichen Tuch putzen. Danach kann man sie an einem schattigen Ort trocknen lassen. Mit der Zeit und nach häufiger Benutzung bekommt die Kanne einen Glanz, den wir Patina nennen, und sie wird immer schöner.

Natürlich lagern sich im Laufe der Zeit Teereste in der Kanne ab. In China entfernt man diese nicht, weil man der Ansicht ist, dass der Tee aus solchen Kannen besser schmeckt als aus neuen oder stark gereinigten. Wohl aber sollte man für die verschiedenen, stark unterschiedlichen Teesorten auch verschiedene Kannen haben.

Wenn man mit der Teezubereitung beginnt, stellt man das Kännchen auf ein so genanntes »Teeschiff« oder in eine flache Schale, um überlaufendes Wasser aufzufangen. Das heiße Wasser und der Tee sollen sogar überlaufen, denn das färbt die Kanne von außen. Man erreicht also zweierlei auf diese Weise: Einmal wird die Kanne schneller glänzen und gleichzeitig wird die Wassertemperatur länger gehalten.

Häufig hört man Klagen darüber, dass ein Kännchen, das anfangs überhaupt nicht tropft, nach einer gewissen Zeit dann doch zu tropfen beginnt, und der Wasserfluss unregelmäßig wird. Der Grund dafür ist, dass sich der Kannenschnabel durch Teereste verengt; dasselbe gilt für die kleine Öffnung im Deckel. Wenn man beide reinigt, ist der Schaden behoben.

Die alte Teekanne

Ein Kaufmann kam an einem Bauernhaus vorüber, vor dem eine alte Frau saß und gerade ihren Tee trank. Sie schenkte auch dem Vorübergehenden eine Schale ein. Der Fremde sah, dass die Frau aus einer sehr alten, besonders schönen Teekanne eingeschenkt hatte. So fragte er, ob er diese Kanne kaufen könne. Er bot der Überraschten eine, wie ihr schien, hohe Summe, und sie sagte, ihre Kanne sei doch nicht so wertvoll, sie wolle sie ihm gern auch für einen geringeren Preis überlassen. Der Kaufmann beharrte auf seinem Angebot, bat nur, ihm das Kännchen bis zum nächsten Tag aufzubewahren – auf dem Rückweg seiner Reise werde er es abholen. Die Alte – außer sich vor Freude – konnte die Rückkehr ihres Sohnes kaum erwarten, dem sie sogleich von dem unerwarteten Glück berichtete. Auch der Sohn konnte nicht glauben, dass es in seiner Familie einen solchen Schatz gäbe. Aufmerksam betrachtete er das alte Kännchen noch einmal von allen Seiten und konnte beim besten Willen nichts Besonderes entdecken. Eines stellte er aber fest: Vom jahrelangen Gebrauch hatte sich eine starke Patina gebildet. So beschlossen Mutter und Sohn, ihren Schatz gründlich zu reinigen. Am nächsten Tag erschien der Kaufmann. Stolz überreichte die alte Frau ihm das nun wie neu glänzende Kännchen, aber die Miene des Kaufmanns verfinsterte sich: »Ich will das alte Kännchen kaufen, aus dem ihr mir gestern so freundlich eingeschenkt habt, aber nicht dieses glänzende neue!« »Herr«, sagte die alte Frau ratlos, weil sie den seltsamen Mann nicht verstehen konnte, »es ist dasselbe Kännchen, wir haben es nur gründlich gereinigt, weil es uns peinlich war, ein so unsauberes Stück aus dem Haus zu geben.« Der Kaufmann erwiderte: »Kennt ihr denn die alte Regel nicht, eine Teekanne niemals mit irgendwelchen Mitteln zu putzen, sondern immer nur mit heißem Wasser zu spülen? Tee, auch die Ablagerungen von Tee sind kein Schmutz, wie ihr meint. Ihr habt eurem Kännchen seinen kostbaren Schatz herausgeputzt. Ihr könnt es behalten, denn dieses Kännchen hat für mich keinen Wert mehr.« Der Kaufmann steckte sein Geld wieder ein und verließ die alte Frau.

Teesitten

Zur Verlobung musste in China der Bräutigam ein Geschenk überreichen, das »Teegeschenk« genannt wurde, auch wenn es sich nicht um Tee handelte. Nahm die Braut das Geschenk an, so wurde das »Tee-Empfangen« genannt.

Lange bevor man den Teeanbau in großem Stil kultivierte, hatte man versucht, Teebäume zu verpflanzen. Von vielen Misserfolgen wird uns berichtet; die verpflanzten Bäume starben. Nur mit Teesamen gelang die Züchtung. Aus jenen frühen Zeiten ist uns dieses Hochzeitssymbol bekannt: Wenn die Braut das Teegeschenk angenommen hatte, galt das als ein Treuegelöbnis. So wie man den Teebaum nicht verpflanzen konnte, so sollte die Ehefrau in Treue nur ihrem Ehemann dienen. Über die Treue des Ehemannes wurde nichts gesagt. Heute werden die Teesträucher mit Stecklingen verpflanzt – die alte Hochzeitssitte hat ihre Bedeutung verloren, kaum einer weiß noch davon.

Der gewitzte Leibwächter

Kaiser Qian Long (1711–1799) liebte es, inkognito durch sein Riesenreich zu reisen, um sich höchstpersönlich vom Lauf der Dinge zu unterrichten. Er war ein kluger Regent, der wusste, dass Staatsbeamte auch nur Menschen sind, die in gewissen Fällen und zu gewissen Zeiten ihrem aller höchsten Gebieter nur allzu widerstrebend

Die alte Mong-Shan-Teeakrobatik war jahrhundertelang verloren. Der Meister Cheng Xian-qin hat sie wieder entdeckt und gibt sie in seiner Teeschule am Mong-Berg an seine Schüler weiter.

Unerfreuliches berichten – zum eigenen und zum Wohle des Gebieters, versteht sich.

Der Kaiser war auch ein leidenschaftlicher Teegenießer und -kenner. So beschloss er eines Tages, als gewöhnlicher Bürger verkleidet, in Begleitung eines ebenso gewandeten Leibwächters, sich unters Volk zu begeben und die berühmte Long-Jing-Quelle zu besuchen, von der ihm bisweilen so köstliche Tributtees geliefert wurden. Seinem Leibwächter schärfte er ein, sich keinesfalls zu erkennen zu geben und ihn, den Kaiser, wie einen ganz gewöhnlichen Weggenossen zu behandeln. Den Diener brachte der Befehl seines Gebieters in eine schier unerträgliche Verlegenheit. Kniefälligkeit, Kotau und schweigend und ohne jeglichen Widerspruch Befehle des Kaisers auszuführen, waren ihm vertraut wie die eigene Haut, aber aufrecht neben dem »Weggenossen Majestät« einherzuschreiten, gar fröhlich mit ihm zu plaudern, wenn sie in einer Schenke Rast machten – allein mit dem Kaiser an einem Tisch zu sitzen war ihm unvorstellbar. Als er zaghaft seine Bedenken erklären wollte, ließ der Kaiser ihn gar nicht ausreden: »Schweig, tu, was ich dir befehle, ich verlange nichts

Hu Hsüen-ang bei der Teemeister-Prüfung.
Er hat die chinesische Teeschule nach Deutschland gebracht.

Unmögliches – am liebsten ginge ich allein, aber ich brauche deine Umsicht und deinen Schutz.« Und so machten sie sich auf den Weg nach Long Jing.

Der Kaiser sprach mit Plantagenarbeitern und jedem sonst, der ihm über den Weg lief, auf diese Weise die Zuverlässigkeit seiner Untertanen prüfend. Der Leibwächter litt Qualen. Der Herrscher war höchst zufrieden, denn hier fand er einmal ausnahmsweise alles so vor, wie ihm am Hof berichtet worden war. Die beiden Wanderer kehrten ein in ein Teehaus.

Der Wirt brachte den Tee – der Diener dachte nicht mehr an den Befehl seines Kaisers, nahm die Teekanne, versank in einen tiefen Kniefall und wollte einschenken. Der Kaiser lachte: »He, he, Kamerad, was für ein Schauspiel – wer den Tee bestellt hat, schenkt ein. Soll ich jetzt Kotau vor dir machen?« Hilflos und verzagt setzte sich der Diener auf die äußerste Kante seines Hockers und versank in tiefes Nachdenken. Seine Lage war ihm unerträglich. Da erlöste ihn der Himmel mit einem rettenden Einfall. Jedesmal, wenn der Kaiser ihm nachschenkte und »gekrümmter Rücken und Kotau« fällig gewesen wären, klopfte er mit gekrümmtem Zeige- und Mittelfinger auf die Tischkante und flüsterte der Majestät unauffällig zu, diese Geste sei nun der Ersatz für Verbeugen und Kotau. Den Kaiser amüsierte die Idee seines gewitzten Leibwächters, und er dachte über eine Beförderung nach. Der Diener fühlte sich für den Rest des Abends etwas wohler in seiner merkwürdigen Rolle als Weggenosse seines Gebieters, und so verlief die weitere Reise ohne Zwischenfälle.

Seit jenen Tagen ist beim Teeeinschenken das Klopfen mit zwei Fingern auf die Tischkante als Höflichkeitsgeste ein allgemein üblicher Brauch. Ob alle Chinesen wissen, woher diese Sitte stammt, wissen wir nicht. Gewiss ist aber, dass, wenn einem ausländischen Besucher heute irgendwo in China der Höflichkeitstee eingeschenkt wird (den man übrigens nicht austrinken muss) und der Gast mit zwei Fingern auf die Tischkante klopft, er ein amüsiertes Erstaunen auslösen wird.

Die Teespezialisten aus dem Norden diskutieren, wie man diese winterharte Teesorte auch in deutschen Gärten kultivieren kann. Diese drei Teefreunde waren uns auf all unseren Teewegen in China eine große Hilfe.

Die Autorin spricht mit einer Teepflückerin.

Vom Zähneputzen

In alter Zeit haben die Menschen auf dem Land nie ihre Zähne geputzt; man nahm morgens und nach dem Essen einen kräftigen Schluck Tee, gurgelte, spuckte aus, und Mund und Gebiss waren gereinigt, denn Tee enthält nicht nur Fluor, er löst auch das Fett und andere Speisereste – eine uralte Erfahrung.

Ein Beispiel aus unserer Zeit ist in China weithin bekannt: Mao Zedongs Leibarzt, Li Zhishiu, entdeckte eines Tages in einer Blutprobe seines prominenten Patienten, dass die Zahl der weißen Blutkörperchen leicht erhöht war, und es galt nun, schleunigst den Entzündungsherd zu finden. So schlug er Mao eine Untersuchung vor, die der »Große Vorsitzende« nur widerwillig zuließ. Mao Zedong war kein sehr bequemer Patient. Bei der nun beginnenden Untersuchung wurde auch das Gebiss Maos gründlich geprüft. Der Arzt wusste zwar, dass sein Patient nie seine Zähne putzte, sondern grundsätzlich nur mit Tee gurgelte, aber nun stellte er fest, dass die Zähne nicht nur grün aussahen, sondern so stark mit einem schmutzigen Belag behaftet waren, dass er bei genauerer Prüfung hier auch den Herd der Entzündung fand. Er schlug Mao vor, von nun an täglich seine Zähne richtig zu reinigen. Die Antwort des Patienten lautete: »Ich putze meine Zähne nie. Seit ich denken kann, gurgele ich immer nur mit grünem Tee. Sehen Sie sich doch einmal die Tiger an, die putzen sich ihre Zähne auch nie und ihre Zähne bleiben immer scharf und fallen nicht aus. Wie können wir uns das wohl erklären?« Der Leibarzt schwieg – der Patient gab ein wenig nach und reinigte seine Zähne einige Tage lang, und dann blieb alles beim Alten. Bis zu seinem achtzigsten Geburtstag hat Mao nur einige obere Backenzähne verloren – alle anderen waren tadellos erhalten.

Tee und Gesundheit

Neueste Forschungsergebnisse haben die alten Volksweisheiten nicht nur bestätigt, sondern auch neue überraschende Ergebnisse hervorgebracht. Zahlreiche Veröffentlichungen internationaler Universitäten liegen uns vor, die von der medizinischen Wirkung des Grüntees berichten. Intensive Forschungen begannen, nachdem Aufsehen erregende Berichte aus Japan bekannt geworden waren:

Zwei alte Männer, die in Hiroshima in einer Militäreinheit dienten, als die Atombombe fiel, hatten als Einzige ihrer Einheit gesund überlebt. Einer der Männer erzählte den Ärzten, die ihr Erstaunen über den Gesundheitszustand der beiden äußerten, dass sie zwar nichts Besonderes getan hätten, außer, dass ihnen wohl eingefallen sei, dass die Großmutter immer gepredigt habe, man solle nie vergessen, wenn einmal eine Seuche käme, literweise Grüntee zu trinken. Ja, und das hätten sie getan.

Entsprechende Forschungsergebnisse liegen auch aus China vor. Sie zeigen, dass die Rate an Krebs- und Kreislauferkrankungen in Ländern, in denen viel Grüntee konsumiert wird, sehr niedrig ist. Am geringsten ist sie bei der Bevölkerung, die direkt in Teeanbaugebieten lebt. Nicht nur die zahlreichen Vitamine und Mineralstoffe sind es, die uns so zuträglich sind, vor allem hat man die Katechine des Tees entdeckt, Substanzen, die vor allem gesundheitsfördernde Wirkungen haben. Das wichtigste Katechin ist das so genannte Epigallocatechin-3-Gallat, das bestimmte biochemische Reaktionen in unseren Zellen hemmt und damit das unkontrollierte Wachstum von Krebszellen verlangsamt. Bei entsprechendem Konsum von Grüntee kann eine Erkrankung ganz vermieden werden. Das gilt ebenso für Arteriosklerose und Bluthochdruck, wie Laborversuche bestätigen. Es würde den Rahmen dieses Buches sprengen, wenn wir hier alle bekannten medizinischen Forschungsergebnisse darstellen wollten. Blicken wir noch einmal zurück in die alte Zeit und stöbern in den Schatztruhen unserer Vorfahren.

Was die Alten schon wussten

Ur-Mediziner Shen Nong Shi hat bereits zweitausendfünfhundert Jahre vor unserer Zeitrechnung gesagt, was viertausend Jahre später ein Herr Bombastus Theophrastus von Hohenheim, genannt Paracelsus, ganz ähnlich ausdrückte: »Die Gesundheit eurer Körper kommt aus den Säften der Pflanzen«.

Ein bekannter Arzt der Tang-Dynastie sagte: »Tee ist ein Kraut gegen alle Krankheiten«, und die Berichte von Heilerfolgen, Rezepten und Herstellungsmethoden häufen sich zu einem Berg bis heute immer noch nicht restlos erforschter Teeliteratur. Die moderne Wissenschaft macht es möglich, alle Inhaltsstoffe zu trennen und einzeln zu untersuchen, aber wie sich die Vitamine, Katechine, Gerbstoffe, ätherische Öle und Alkaloide im Zusammenwirken verhalten, überrascht immer wieder aufs Neue. Werden wir dem Tee je seine letzten Geheimnisse entreißen können? Genügt die jahrtausendealte Erfahrung nicht?

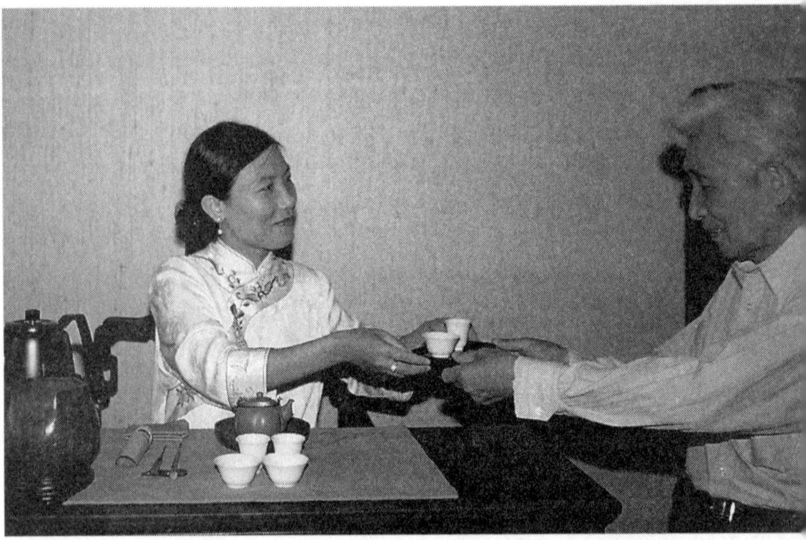

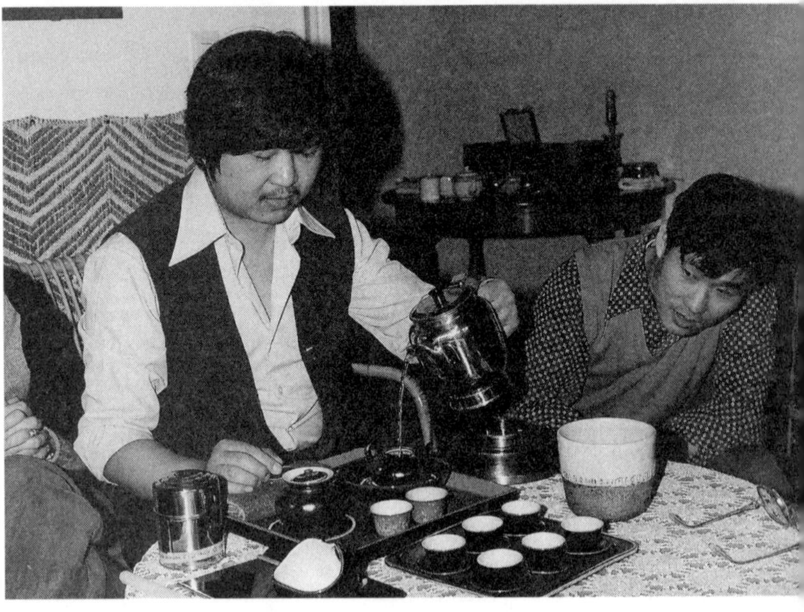

Der behutsame Umgang mit dem Tee.

Wir wollen nun aufzählen, wie die Alten die einzelnen Wirkungskräfte des Tees beschrieben haben, und dies mit unserem heutigen Erkenntnisstand ergänzen.

Tee …

reduziert die Schlafenszeit:
Er enthält den Wirkstoff Koffein.

beruhigt den Geist:
Wir sagen: »Tee trinken, den Lärm der Welt vergessen.« In China hat der »Geistberuhiger« viele Namen: Sorgenvertreiber, Seelenerquicker, Tröster einsamer Seelen, Trank der Unsterblichkeit, Schaum aus flüssiger Jade.

ist ein Augenerheller:
In China weiß man, dass Medikamente nicht mit grünem Tee eingenommen werden sollen. Der Abstand sollte wenigstens eine halbe Stunde betragen. Man macht allerdings eine Ausnahme: Augenmedizin muss mit Tee eingenommen werden.

erfrischt den Kopf, ist labend und belebend:
Tee fördert den wachen Geist und die Inspiration und ist daher bei Mönchen und Poeten ein hoch geschätztes Getränk. Man schläft sogar auf Teekissen.

löscht den Durst und regt den Speichelfluss an:
Guter Tee regt die Speicheldrüsen an, und man verspürt eine pelzige Reaktion um den Gaumen.

kühlt den Körper:
Im Sommer kommt die Hitze in unserem Körper von außen; Tee kann sie regulieren. Man trinkt deshalb auch im Sommer gern heißen Tee. Am Anfang spürt man die hohe Temperatur des Getränks, aber schnell stellt sich Wohlbefinden ein. Um

die vom Tee verursachte Hitze zu reduzieren, verbraucht der Körper Energie. Die auf der Haut gemessene Temperatur wird um ein bis zwei Grad reduziert.

neutralisiert Gift:

Im alten China pflegten die Bauern auf Hautverletzungen pulverisierten Grüntee aufzutragen; kleinere Verletzungen desinfizierte man mit Teesud.

entgiftet:

Die entgiftende Wirkung des Grüntees haben wir in der Geschichte vom Ur-Mediziner Shen Nong Shi kennen gelernt. Zahllose Versuche aus neuerer Zeit haben das bestätigt.

fördert eine gesunde Verdauung:

Vor, während und nach dem Essen trinkt man Tee. Vor dem Essen regt er den Appetit an, während des Essens schwemmt er Fett aus, und nach dem Essen reinigt er die Zähne und beseitigt Mundgeruch. Hat man zu viel gegessen und fühlt sich nicht wohl, ist angeraten, einen starken Tee zu trinken.

»jagt« den Alkohol:

Im Wein liegt Inspiration und im Tee Poesie. Bei einer Alkoholvergiftung können mehrere Tassen kräftigen Tees eine schnellere Ernüchterung herbeiführen. Die Poeten und Dichter waren Wein- und Teeliebhaber. Im Weinrausch glühte und blühte ihre Phantasie – mit auserlesenen Meisterwerken haben sie davon Zeugnis abgelegt.

ist ein Fettkiller:

In zahlreichen chinesischen Medizinbüchern lesen wir, dass Teetrinken uns hilft, unser Körpergewicht zu reduzieren. Auch die Knochensubstanz wird gefestigt. Die Tibeter haben nur wenig Gemüse und essen viel Fleisch. Da Fleisch sauer und Tee basisch ist, trinken sie zum Ausgleich sehr viel Tee.

reguliert den Stuhlgang:

Tee ist heilend für Dünn- und Dickdarm, reinigt und kontrolliert den Darm. Ein Rezept aus ältester Zeit gegen Verstopfung nach der Niederkunft lautet: Zwiebeln mit Pulvertee mischen und mit Teesud einnehmen. Schwarztee kann Verstopfung verursachen. Ein altes Rezept aus dem Volk gegen Diarrhö empfiehlt, Grüntee mit Ingwer zu mischen oder Grüntee mit Essig einzunehmen.

hilft, wenn die Stimme »wie eine Säge klingt«:

Wenn die Schleimdrüsen überproduzieren, allzu viel Mucus im Hals sich sammelt und Hustenreiz verursacht, die Stimme wie eine Säge klingt und Schlafstörungen zunehmen, sollte man ein Liang (37,5 Gramm) guten Pulvertee mit einem Liang weiße getrocknete Seidenraupen mahlen, in einer Deckeltasse mit heißem Wasser aufgießen, den Deckel gut schließen. Vor dem Zubettgehen trinken, so lange der Sud noch warm ist.

stärkt die Zähne:

Su Dong-po sagte: »Nach dem Essen spüle ich meinen Mund mit starkem Tee. Alles Fett wird mit dem Tee ausgespuckt. Bis zu Magen und Milz gelangt es erst gar nicht. Auch wenn ich Fleischreste zwischen den Zähnen spüre, spüle ich meinen Mund mit Tee. Auf Zahnstocher kann ich verzichten.«

hilft bei Hautkrankheiten:

Hebammen haben uns bestätigt, dass stillende Mütter Entzündungen an den Brustwarzen schnell mit Grüntee heilen konnten. Es ist bekannt, dass Grüntee in der Kosmetik und Schönheitschirurgie immer häufiger eingesetzt wird.

fördert ein langes Leben:

Wer sein achtundachtzigstes Lebensjahr erreicht hat, wird in Japan »Reis-Alte« genannt. Wer hundertundacht Jahre alt wird, heißt »Tee-Alte«. Dazu gibt es folgende Geschichte:

Das chinesische Schriftzeichen für acht sieht so aus: 八, das für zehn so: 十. Achtundachtzig wird so geschrieben: 八十八. Das Schriftzeichen für Reis besteht ebenfalls aus einer Kombination dieser Zeichen: 米. Deshalb wird, wer das 88. Lebensjahr erreicht hat, »Reis-Alte« genannt.

Achtundachtzig plus zwanzig (十十) ergibt einhundertundacht. Kombiniert man zweimal acht, einmal zehn und einmal zwanzig so: 茶, dann ergibt sich das Schriftzeichen Tee. Deshalb wird, wer seinen 108. Geburtstag feiert, »Tee-Alte« genannt.

Aus diesem Zeichenspiel lernen wir: Wer sein Leben lang Reis isst und Grünen Tee trinkt, erreicht ein hohes Alter.

Von der modernen Medizin wissen wir, dass der Vitamin-C-Gehalt des Grüntees extrem hoch ist. Daher wird Grüntee auch starken Rauchern dringend empfohlen. In unserer von Schadstoffen schwer belasteten Umwelt, in der selbst im Trinkwasser immer mehr Spuren von Schwermetallen wie Kupfer, Blei und Quecksilber gefunden werden, ist das Trinken von Grüntee besonders angeraten, weil er Schwermetalle bindet; sie lösen sich im Wasser nicht, wenn der Tee gekocht wird. Das bedeutet, dass diese Stoffe im Blatt bleiben und nicht in den Sud kommen, den wir trinken. Pulvertee sollte man daher vermeiden, es sei denn, er kommt aus biologischem Anbau und ist getestet.

Aus dem Leben des bedeutendsten Seefahrers der Neuzeit

Als im Jahre 1736 Qian Long als zweiter Kaiser der Mandschu-Dynastie den Thron des Himmelssohnes bestieg, begann in Yorkshire in England ein junger Mann seine atemraubende Karriere, in deren Verlauf er Weltruf erlangte. In jedem Lexikon finden wir noch heute seinen Namen: James Cook. Zu China hatte Cook keine Verbindung, vom Mandschu-Kaiser Qian Long vermutlich nie gehört. Und dennoch gibt es in unserer kleinen Geschichte eine indirekte

Beziehung zum großen Reich der Mitte, die uns einmal mehr zum Grüntee führt.

Der kleine James wurde von seinem Vater, einem mittellosen Landmann, zu einem Kaufmann in die Lehre gegeben, woran der Sohn aber keinen Gefallen fand. Er verließ seinen Lehrherrn nach kurzer Zeit und heuerte auf einem Kohlendampfer an. Nach sieben Jahren als Kohlenschipper auf elenden Klippern, zeigte er erstaunliche Kenntnisse der Seefahrt, trat in den Dienst der Königlich Britischen Flotte ein, wurde sehr bald Unterleutnant und tat sich hervor durch akkurate Vermessungen im See- und Landkartenwesen. Er wurde Leutnant und schließlich Kapitän zur See auf einem Schiff, mit dem er zur ersten seiner drei Weltumsegelungen in See stach. Nun gab es in jener Zeit noch kein Rezept gegen die todbringende Geißel der Seefahrer – mehr als die Hälfte aller Matrosen erkrankte und starb an Skorbut. Schon Plinius und Hippokrates hatten die Krankheit beschrieben, an der die Seeleute einen qualvollen Tod starben, vor dem es keine Rettung gab.

James Cook hatte die rettende Lösung gefunden: deutsches Sauerkraut und Zitronensaft. Ihm war klar geworden, dass monatelange Mangelverpflegung auf den Schiffen, die im Wesentlichen aus Zwieback, Pökelfleisch und fauligem Wasser bestand, Ursache für den Skorbut sein musste. Vitamin C war noch unbekannt, es wurde erst im Jahre 1912 entdeckt.

Bevor sein Schiff in See stach, rief der Kapitän seinen Schiffsarzt zu sich, der die Proviantliste geprüft und das von Cook bestellte Sauerkraut und die Zitronen gestrichen hatte, weil er beides für ein Versehen hielt. Doktor Monkhouse erklärte seinem Kapitän, kein einziger britischer Seemann werde deutsches Sauerkraut essen und täglich einen Suppenlöffel Zitronensaft trinken. Die Fässer kamen an Bord, der Kapitän befahl »Leinen los!«, und die Weltumsegelung nahm ihren Lauf. Nicht ein einziger Seemann erkrankte an Skorbut. Krautverweigerer hatte James Cook an den Mast binden und ihnen mit der »neunschwänzigen Katze den Appetit einprügeln« lassen.

Weihrauchduft – in meiner Bücherstube Frieden.
Waldesstille ringsumher entfacht ein Lied
aus fernem, leisem Tempelglockenklang.
Labend klärt den Geist die Schale Tee,
eine Gata weist den Weg zur Weisheit.
Noch durchflutet Abendsonnenschein die Kammer,
leiht letzte Strahlen meinem Öllicht für die Nacht.

Kalligraphie von Xue Sui: Weihrauchduft

Wir haben uns in China umgehört. Die Skorbuterkrankung war und ist dort unbekannt – chinesische Seeleute vor und seit Kaiser Qian Longs Zeit trinken Grüntee.

Kein Wissenschaftler hat uns gesagt, dass Tee auch vor Strahlung und Skorbut schützt. Nur die Volksweisheit aus ihrer uralten Erfahrung sagt uns: Tee kontrolliert und reinigt den Körper. Wenn eine Seuche kommt, trinke man viel Tee. Der Tee selbst hat seine Geschichte geschrieben und sein »Geheimnis« enthüllt.

Im alten China nannte man den Tee »Kontrolleur«. In Russland nennt man den Grüntee »künstliche Zusatzleber«, weil Wissenschaftler auch dort herausfanden, dass er nicht nur Cholesterin, sondern auch Alkohol und Nikotin ausschwemmt.

Die Industrialisierung hat der Menschheit zwar Wohlstand beschert, aber unsere Umwelt auch über Gebühr belastet. Schwermetalle in Pflanzen und selbst in unserem Leitungswasser nehmen besorgniserregend zu. Auch da ist Tee unser Helfer, weil er Schwermetalle bindet. Daher empfehlen wir Teetrinkern, den Teesud ohne Bedenken zu trinken, aber die Blätter nicht zu verzehren.

Auch zu diesem Kapitel über den Grüntee als Heilpflanze wird es immer wieder neue »Geschichten« geben, denn es wird weiter geforscht und es werden neue Analysemethoden entwickelt.

Ob Lu Yüs »Heiliges Buch vom Tee« oder das Werk Hui Zongs, des Ersten Kaisers der Song-Dynastie, ob die Berichte der Ch'an-Mönche, der Dichter und Philosophen vergangener Jahrhunderte, eine Erkenntnis ist allen gemeinsam: Sie alle wissen um die heilsame Wirkung des Grüntees auf Körper, Geist und Seele. Der behutsame Umgang mit dem Tee, der allein höchsten Genuss ermöglicht, bringt uns einen verloren gegangenen Schatz zurück: die Kunst, Muße zu üben!

Teekunst – das Lächeln der Philosophie

Sprach der Teemeister: Ich bin nur ein Teemeister und kann von nichts anderem erzählen. Wenn ich einen Tee nicht lange genug ziehen lasse, kann er sein Aroma nicht entwickeln; wenn ich ihn zu lange ziehen lasse, wird er bitter. Beachte ich die Wassertemperatur nicht, werde ich ihn ganz verderben, und schließlich sollte ich auch die Tee- und Wassermenge beachten – das alles weiß ich wohl und kann es ins rechte Maß bringen. Aber wie soll ich es in Worte kleiden oder gar niederschreiben – kein geschriebenes Wort kann Erfahrung ersetzen – auch die Bücher der Teemeister nicht. Sieben Jahrzehnte habe ich gelebt und kann niemandem meinen ganzen Erfahrungsschatz vermitteln. Die wahren Schätze bleiben verborgen, ein jeder muss sie selber suchen, wie uns der Radmacher lehrt. Ich bin nur ein Teemeister und kann nur wieder und wieder vom Tee erzählen.

Am Lotosblütenteich im Pavillon zum Weißen Kranich

Im »Pavillon zum Weißen Kranich« haben sich drei Poeten zu Tee und edlem Wettstreit versammelt. Wer erzählt die schönsten Geschichten – wem gelingen die besten Verse?

»Lasst uns vergessen den Lärm der Welt«, sagte der Erste. »Der Kessel singt, wo bleibt Euer Tee?«, fragte der Zweite. »Ihr habt es zu eilig«, entgegnete der Dritte. »Ihr seht ein Ei und wollt den Hahn schon krähen hören. Ihr schaut Eure Armbrust an und schon wollt Ihr den Entenbraten verspeisen. Gemach meine Freunde, wenn der Kessel singt, kann der Tee nicht fern sein. Wahre Teekunst bedarf einer Meisterhand; in der Eile gelingt auch einer Meisterhand kein edler Tee.«

Aus Protest gegen unliebsame Regenten, Verstädterung und Materialismus haben schon in früheren Zeiten Dichter und Philosophen in der Teekunst Trost gefunden. Wahre Teekunst adelt den Menschen, sagten die Alten.

Die blaue Lotosblume

»Wer einmal vom Huang Shan, dem Gelben Berg, zurückgekehrt ist, möchte nie mehr in anderen Gebirgen wandern, er ist der herrlichste von allen.«

Einst wanderte ein Schultheiß, begleitet von seinem Diener im Huang-Shan-Gebirge. Berauscht von der märchenhaften Schönheit dieser Landschaft, vergaßen sie Weg und Zeit. Als es zu dunkeln begann, hatten sie ihren Weg verloren und begannen verzweifelt umherzuirren – voller Angst, den Heimweg nicht mehr zu finden. Da hörten sie weit in der Ferne plötzlich den Klang eines Tempelgongs und schöpften wieder Mut. Sie suchten den Pfad, der sie zum Tempel führen könnte. Da begegneten sie einem alten Mönch. Am Arm einen Bambuskorb mit seiner Wegzehrung, war dieser auf dem Heimweg zu seinem Kloster.

Der Mönch lud sie freundlich ein, ihm zu folgen, und versprach ein Nachtquartier. Voller Freude und Dankbarkeit folgten die beiden verirrten und erschöpften Wanderer ihrem Retter. Der Schultheiß bemerkte nun auf ihrem gemeinsamen Weg, dass dem Bambuskorb des Mönches ein angenehmer Wohlgeruch entströmte. Neugierig erkundigte er sich nach diesem fremden, viel versprechenden Duft. Der Mönch erzählte, er komme von der Teeplantage des Klosters – und der Duft sei nichts anderes als Teeduft. »Die Teesträucher auf unserer Plantage«, erklärte er, »sind in diesen Höhen häufig in Tau und Nebel, und das macht unseren Tee so edel. Die Blätter sind zart und aromatisch, der Sud ist von jadegrüner Farbe – gleich haben wir unser Ziel erreicht und ihr könnt euch selbst überzeugen.«

Im Kloster angelangt, erfuhren die beiden Wanderer, dass es der Abt des Klosters selbst war, der sie geführt hatte. Der Abt als Teepflücker der klösterlichen Plantage – das war wohl eine Überraschung. Das Kloster trug den poetischen Namen »Wolken-Täler-Tempel«.

Nach kurzer Rast bat der Abt seine Gäste zum Tee. Er wärmte die Teeschalen vor, füllte die frisch geernteten Blätter in ein Tonkännchen und brühte den Tee schließlich mit heißem Wasser auf. Erstaunt, ja verwirrt sah der Schultheiß wie nach und nach ein leichter weißer Rauch aus dem Gefäß emporstieg, der sich allmählich vor dem Hintergrund des nachtblauen Himmels zu einer blauen Lotosblüte formte. Ein wundersamer zarter Duft breitete sich aus. Der Abt forderte seine Gäste auf, den Tee zu trinken, und nun geschah das zweite Wunder: Der Schultheiß war schon nach dem ersten winzigen Schluck in einer Weise erfrischt und wie berauscht – einen so feinen, edlen Tee hatte er noch nie getrunken. »In keinem anderen Gebirge werdet Ihr einen ebenbürtigen Tee finden«, sagte der Abt, »wir nennen ihn ›Wolken-und-Nebel-vom-Gelbberg‹.«

Als der Schultheiß sich am nächsten Morgen von seinem Gastgeber verabschiedete, schenkte dieser ihm einen kleinen Beutel mit Tee, überreichte ihm eine mit Wasser gefüllte Kalebasse und ermahnte ihn, immer nur Quellwasser vom Gelben Berg für diesen Tee zu verwenden, andernfalls werde die blaue Lotosblüte nicht erscheinen. Dankend empfing der Gast diese kostbare Gabe und kehrte eilig heim, um auch den Seinen dieses Teewunder zu zeigen.

Kurz nach seiner Heimkehr besuchte ihn ein alter Freund und Kollege aus dem Nachbarort. Der Schultheiß befahl seinem Diener, dem Gast den Gelbbergtee zu servieren. Auch dessen Verwunderung war groß, und er erbat sich beim Abschied eine kleine Probe dieser Gaumen- und Augenfreude.

Dankend kehrte er heim und freute sich insgeheim der List, die er schon im Hause seines Freundes ersonnen hatte, denn er wollte diesen Tee gar nicht für sich verwenden, sondern sich mit ihm beim Kaiser einen guten Namen machen. War es doch allgemein bekannt, dass dieser ein Liebhaber guten Tees war und ein entsprechendes Geschenk ihn veranlassen könnte, den Spender mit der Beförderung in einen höheren Beamtenrang auszuzeichnen.

Nach kurzer Rast in seinem Haus legte er seine Amtskleidung an, gab seinem Pferd die Sporen, um geschwind zum Kaiserpalast zu reiten und um Audienz zu bitten. Kaum hatte er dem Ersten Mandarin am Hof von seinem Wundertee berichtet, wurde er auch schon vom Kaiser empfangen.

Der Schwindler bereitete den Tee – erwartungsvoll sahen der Kaiser und die engsten Vertrauten seiner Umgebung zu. Der weißbläuliche Rauch stieg auf, ein feiner Duft erfüllte die Audienzhalle, aber die blaue Lotosblüte erschien nicht. Zornerfüllt verurteilte der Kaiser den Betrüger zum Tode durch den Strang. Kaum war das Urteil vollstreckt, der Leichnam noch von Gaffern umgeben, sah man über dem Toten – wie in einem weißen Nebelschleier – dessen Seele aufsteigen, und eine Stimme rief: »Der Kaiser hat mich zu Unrecht töten lassen, es war nicht mein Tee, vielmehr ein Geschenk eines arglistigen Freundes, der auch mich betrogen hat«, und die Stimme nannte dessen Namen.

Sogleich befahl der Kaiser, den Genannten herbeizuschaffen. Pfeilschnell ritten die Boten. Dem ahnungslosen Schultheiß gaben sie kaum Zeit, sein Staatsgewand anzulegen, und ebenso pfeilschnell war man wieder am Hof.

Der Kaiser befahl, den Ankommenden sofort zu verhaften. Zornerfüllt warf der Kaiser ihm ein kleines Teepäckchen vor die Füße und sprach: »Einen heiligen Wundertee nennt Ihr diesen? Ein einfacher wilder Bergtee ist es, und Ihr wagt zu behaupten, man könne in seinem aufsteigenden Dunstbild eine blaue Lotosblüte erkennen? Ein elender Betrüger seid Ihr und sollt mit Eurem Leben büßen, dass Ihr Euren Kaiser getäuscht habt.«

Nun erst verstand der so Gescholtene und bat den Kaiser, ihn anzuhören. Bewahren wollte er zudem den Sohn des Himmels, ein ungerechtes Urteil zu fällen. Der Kaiser fragte – immer noch voller Argwohn – wie er ihm denn wohl seine Zweifel nehmen könne? Der Schultheiß bat um fünf Tage und Nächte Zeit, um das Quellwasser vom Gelbberg herbeizuholen. Diese Frist gewährte der Kaiser, gab aber zu bedenken, dass er sein Leben verwirkt habe, wenn er nicht in der gegebenen Frist zurück sei und die Lotosblüte hervorzaubern könne. Der Schultheiß eilte heim, legte seine Amtskleidung ab und machte sich eilends mit seinem Diener auf den Weg zum Wolken-Täler-Tempel.

Kaum dort angelangt, bat er trotz der späten Stunde, vom Abt empfangen zu werden. Der Schultheiß kniete vor ihm nieder in tiefem Kotau und erzählte seine Geschichte. »Einmal, Hoher Herr, habt Ihr mich aus großer Not gerettet, jetzt muss ich Euch bitten, mein Leben zu retten – im Namen unserer allergnädigsten Majestät.«

Nach einer kurzen Nachtruhe führte der Abt seinen Gast zur Quelle und gestattete ihm, sein Gefäß zu füllen. Mit mehrfachem Kotau dankte der Schultheiß und machte sich eilends auf den Weg zum kaiserlichen Palast. Gerade noch rechtzeitig erreichte er den Hof, wurde auch sogleich empfangen, und die Teezeremonie konnte beginnen. Er bat alle Anwesenden, sich zum » Pavillon der glücklichen Feen« im Palastgarten zu begeben, denn er wusste, dass nur der blaue Himmel seiner Lotosblume die wunderbare Farbe verleihen konnte. Diener reichten ihm zierliche Jadeschalen auf goldenen Tabletts – alles Zubehör war von erlesener Schönheit. Eine dramatische Spannung war im Kreise der Höflinge um den Kaiser zu spüren – argwöhnisch folgten ihre Augen der Zeremonie.

Und dann ging ein ungläubiges Staunen durch die Reihen. Der Kaiser erhob sich. Was seine Augen sahen, war ein Wunder – das Wunder der blauen Lotosblüte. Niemand wagte, ein Wort zu sagen, so groß war das Erstaunen.

Erst als sich ganz allmählich das Dunstbild wieder aufzulösen begann und der Schultheiß dem Kaiser knieend die erste Schale Tee reichte, löste sich der Bann. Der Kaiser und der Erste Mandarin kosteten den Tee, lobten ihn über alle Maßen, und der Schultheiß bekam seinen verdienten Lohn. Der Kaiser erhob ihn aus dem Siebenten Beamtenrang in den Dritten – eine wahrlich hohe Auszeichnung.

Schweigend hörte der Schultheiß zu und verließ nach mehrfachem Kotau den Hof. In der Nacht erreichte er sein Haus, aber er fand keine Ruhe.

In der Kühle der stillen Nacht bereitete er sich noch einmal seinen »Heiligen Tee«. Nur der Mond in seinem Silberschein war ihm Gefährte in dieser friedlich-besinnlichen Stunde. Aus dem Kessel stieg weißer Wasserdampf empor; gegen den dunklen Nachthimmel erschien die geheimnisvolle Lotosblüte weiß im mondweißen Hauch – oder war es goldener Hauch, den sein Auge sah – in Erinnerung an den goldenen Widerschein der kostbaren Geräte im Palast?

Wie ein Schleier wehte die Blüte sich neigend, als spräche sie zu ihm: »Nur mit dem Wasser aus der Heiligen Quelle kann ich blühen – wie euch Menschen Freundschaft und Liebe nur gedeihen, wenn die Gefährten willkommen sind. Klare Reinheit in allem ist selten unter den Menschen – Harmonie zu erkennen ist ein großes Geschenk.« Hatte die Lotosblüte zu ihm gesprochen, oder hatte er nur sein eigenes Herz gehört? Es war ihm, als sei die Blüte nur noch ein zarter Schleier, der sich allmählich mit den Strahlen des Mondes vereinte.

Er legte ab Kette, Stempel und Jadegürtel, die Insignien seiner Amtsgewalt, und ging den Weg der Harmonie, um die letzten Jahre seines Lebens im Wolken-Täler-Kloster zu verbringen. Sein buddhistischer Mönchsname wurde Zhen Zhi – »Unbeirrbarer Leitstern«.

Das Lächeln der Philosophie

In der westlichen Philosophie strebt man nach Wahrheit. In China sucht man Glück. Wer das Wesen EINS (一) versteht und daraus die Vielfalt ZEHN (十) variieren kann, wird mit Fug und Recht Gelehrter (士) genannt.
Das Wort aus dem Munde (口) des Gelehrten (士) ist weises Wort und bringt den Menschen Glück (吉).
Zweifaches Glück heißt Philosophie (吉吉).
Mögen die Wahrheit Suchenden ihre Erkenntnisse glauben und die Freude Suchenden von ihrem Glück träumen. Tee, duftende Blätter, zarte Spitzen, begehren auserlesene Gäste, lieben verstehende Mönche. Tee ist eine »Glück bringende Pflanze«.
Tee – der Duft der Philosophie.

Gesteck von Carla Steenberg

Über die Autoren:

Carla Steenberg,
geboren in Ostpreußen,
völkerkundliche und Fremdsprachen-Studien, Spezialisierung auf Länder des chinesischen Kulturbereichs. Zeitweilig Dozentin für Deutsche Literatur und Rhetorik an der Universität für Chinesische Kultur in Taipeh/Taiwan. Vortragsreisende in Europa und Fernost.

Hu Hsiang-fan, M.A., geboren in Peking, Studium der Germanistik, zunächst an der Universität in Taipeh, später in Heidelberg, Ausbildung in Gesang bei Professor Lips in Stuttgart.

Carla Steenberg und Hu Hsiang-fan gründeten 1978 das China-Studio »Die Bambusbrücke«,
um europäischen Menschen chinesische Philosophie und Kultur durch Ausstellungen, Vorträge und Seminare nahe zu bringen.
Seit 1984 ist dort auch die erste chinesische Teeschule in Deutschland, mit ganztägigen Teeseminaren (im Haus und extern, in Zusammenarbeit mit anderen Veranstaltern) und dem Versand erlesener Tees, beheimatet.

Von den Autoren sind bereits zahlreiche Bücher, Kataloge und zwei CDs erschienen.
Im Theseus Verlag sind erschienen:

Carla Steenberg und Hu Hsiang-fan:
Orchidee und Pflaumenblüte
ISBN 3-89620-166-2
Über die Bambusbrücke
ISBN 3-89620-147-6

Ausführliche Informationen bei:
Die Bambusbrücke
Lutherstr. 27, 71576 Burgstetten
www.bambusbruecke.de
E-mail: info@bambusbruecke.de